Peter Neysters

Komm in mein Leben

Ein Ehemosaik

Herder Freiburg · Basel · Wien

Fotos:
Otl Aicher 124 – Claudia 87 – Rudolf Dietrich 90/91 – Jerome Ducrot 88 – G. P. A. 134/135 – Wolfgang Haut 16 18 71 118/119 – Rudi Herzog 85 – Barbara Klemm 10/11 52/53 65 81 96 110/111 120/121 128/129 – Volker Kriegel 27 – Rolf Kunitsch 60/61 – Wolfgang Kunz 40/41 113 – Ulrich Mack 82/83 – Ibo Minssen 35 – Stefan Moses 12 24 28/29 30 55 94 98 104 109 126/127 – Fernand Rausser 32/33 – Abisag Tüllmann 46/47 66 – Manfred Vollmer 4 9 14/15 23 43 62 68/69 76/77 116 139
Umschlagfoto: Rainer Fichtel

Karikaturen:
Jules Stauber 72 78 92 114 131
Grafiken:
Christian Rohlfs 59 – Karl Schmidt-Rottluff 140/141
Grafische Gestaltung:
Konrad Boch

5. Auflage

Herstellung:
Freiburger Graphische Betriebe 1989
ISBN 3-451-19985-8

Inhalt

Ich mag Dich

Gedicht

Ich möchte gern ein kurzes
 Gedicht schreiben
eins mit vier fünf Zeilen
nicht länger
ein ganz einfaches
eins das alles sagt über uns
 beide
und doch nichts verrät
von dir und mir

Jürgen Theobaldy

Ich mag Dich, ich hab' Dich gern, ich liebe Dich!" Altbekannte, wohlvertraute Worte, doch immer wieder neu gesprochen und immer wieder anders gefüllt.

Zwei Menschen begegnen sich, schauen sich an, werden aufmerksam füreinander, spüren augenblicklich die „Faszination der Liebe".
*Zwei Menschen werden einander wichtig. Sie erfahren: ein anderer findet mich liebens-***wert***, er* **wert***-schätzt mich, ich bin kostbar – ein* **Schatz***. Und wenn er das sagt, dann sagt er es nicht einfach so dahin, dann meint er es ehrlich.*
Zwei Menschen entdecken sich, werden sich vertrauter, können miteinander über alles sprechen, was sie bedrängt. Sie spüren von Tag zu Tag mehr: wir bedeuten uns viel, wir sind „richtig verliebt" ineinander.

Die Zeit des Verliebtseins ist eine wichtige Etappe auf dem langen Weg der Liebe. Wer lebt nicht von seinen augenblicklichen Träumen und Sehnsüchten, die ihn hoffnungsvoll und mutig in die Zukunft schauen lassen? Und wer lebt nicht später – besonders auch „in schweren Stunden" – von seinen Erinnerungen an diese unvergeßliche Zeit? Menschliche Beziehungen sind nicht allein auf den Augenblick ausgerichtet. Liebe kennt immer auch die Dimension der Zeit. Sie holt Vergangenes und Zukünftiges in die Gegenwart. Verliebte ahnen schon etwas von dieser Wirklichkeit der Liebe, wenn sie sich rückblikkend vieler gemeinsamer Erlebnisse erfreuen oder vorausschauend ihre Zukunft in bunten Farben ausmalen.

In der Zeit des Verliebtseins sehen sich die Menschen allerdings auch mit anderen Augen. Der Volksmund kennt dafür vielsagende Bilder:
„Verliebte sind auf einem Auge blind"
„Sie haben sich Hals über Kopf verliebt"
„Sie sehen alles durch die rosarote Brille"
„Sie sind in Liebe entbrannt"
„Sie hat ihm den Kopf verdreht"
„Er hat Feuer gefangen"
„Sie hat einen Narren an ihm gefressen"
„Er hat sie verrückt gemacht"

Diese Bilder machen deutlich: Verliebte sehen sich meist nicht so, wie sie wirklich sind.

abzählvers

sage dir
liebe
sage dir
treue
sage dir
traue
sage dir
schaue
frage dich
wem

sage mir
liebe
sage mir
treue
sage mir
traue
sage mir
schaue
mich an

und du
bist aus

Marion Miller

Weil sie „ver-rückt" sind und sich mit ihnen die „normalen" Maßstäbe verrückt haben, nehmen sie kaum die ganze Wirklichkeit wahr. So manche Fehler, Schwächen und Unzulänglichkeiten des anderen werden gar nicht erst gesehen oder mehr oder weniger übersehen. Das wirklichkeitsnahe „Bild" des Partners – so wie er wirklich ist und auch sein möchte – bleibt hinter dem Wunsch- oder Idealbild zurück.

Wohl zu allen Zeiten haben Menschen später in ihrer Ehe feststellen müssen, daß nicht alle Blütenträume reifen, daß nicht alle Hoffnungen und Sehnsüchte sich erfüllen, daß Enttäuschungen nicht ausbleiben. Verliebte schweben im „siebten Himmel", sagen wir. Liebende jedoch nehmen wieder Kurs zur Erde und nähern sich dem Boden der Wirklichkeit. „Die Liebe hat ihre eigene Sprache; die Ehe kehrt zur Landessprache zurück", so ein russisches Sprichwort.

Vergessen wir darüber nicht: es ist die Liebe, die der „Landessprache" ihren eigentümlichen und zugleich liebenswürdigen Klang gibt. Und die sie vor Phrasen und leeren Worthülsen bewahrt.

was zwischen mensch und mensch
gewachsen ist
die kleine pflanze liebe –
        pfriemenkresse
        wintergrün
        zwergahorn
        gekrümmte fichte –
daß es wachse
Vater
regen gib und sonnenlicht
pflock und schnur
vogelschreck und rattengift

Bruno Stephan Scherer

Alfred Andersch
Paris, 1. Mai 1977

sich an den Händen fassen
die augen zumachen
und losrennen

daran
daß euch dieser Wunsch überfällt
erkennt ihr
die ankunft der liebe

dann
dürft ihr nicht zögern

faßt euch an den Händen
macht die augen zu
rennt los

„Schön bist du, meine Freundin, ja du bist schön.
Hinter dem Schleier deine Augen wie Tauben.
Dein Haar gleicht einer Herde von Ziegen,
die herabzieht von Gileads Bergen …
Alles an dir ist schön, meine Freundin,
kein Makel haftet an dir.“

Das Hohelied 4,1.7

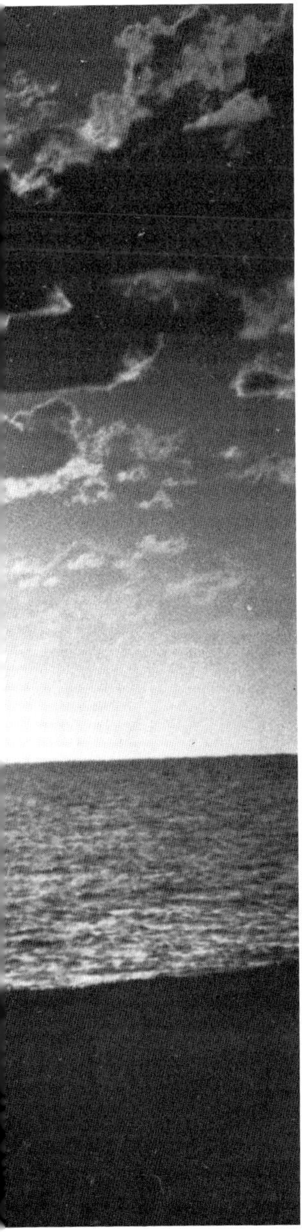

Komm in mein Leben

Das Wort ist verstehbar.
Wer Ja sagt, meint Ja,
und ich liebe bedeutet:
jetzt und für ewig.

Rudolf Otto Wiemer

Drei Buchstaben

E	H	E
Ehemann	*Hochzeit*	*Ehefrau*
Ehrfurcht	*Haus*	*Ehre*
ehrlich	*Haushalt*	*einsam*
Egoismus	*haushalten*	*einladen*
Eigenheiten	*Humor*	*einig*
entscheiden	*Himmel*	*endgültig*
entdecken	*heiter*	*Erlebnis*
ermutigen	*Hoffnung*	*entgegengehen*
erneuern	*hindern*	*Erinnerung*
ersehnen	*helfen*	*erschrecken*
ertragen	*hören*	*erhalten*
Enttäuschung	*heimkommen*	*einsichtsvoll*
eifersüchtig	*Hosianna*	*Eintracht*
einfühlsam	*Heimat*	*ermüden*

Einzeln sind wir Worte,
zusammen ein Gedicht.

Georg Bydlinski

Wir geben unsere Hochzeit bekannt", schreiben die Brautleute in ihrer Hochzeitsanzeige. Sie wollen ihr Versprechen „ver-öffentlichen", ihr Ja zueinander vor den Eltern, Geschwistern, Freunden, Bekannten und nicht zuletzt vor Gott bekräftigen.

„Zwei heiraten" – standesamtlich und kirchlich. Sie feiern Hochzeit. Das ist heute nicht mehr selbstverständlich. Die Zahl derer wächst, die unverheiratet zusammenleben. Aber die wenigsten schließen die Ehe für sich völlig aus; die meisten wollen erst einmal zusammenziehen, sich umfassender kennenlernen, ihre Beziehung überprüfen – und dann erst heiraten.

Es gibt nach wie vor gute Gründe, Hochzeit zu feiern und Ehe zu leben. Menschliche Beziehungen verlangen nach bestimmten Formen und Zeichen. Mit der Heirat besiegeln und veröffentlichen zwei Menschen, daß sie sich endgültig und unwiderruflich füreinander entschieden haben. Sie vertrauen ihrer Treue: „Ich stehe zu Dir, auch dann, wenn es für einen von uns, für uns beide oder zwischen uns schwierig wird."

Dieses Versprechen bleibt zustimmungsfähig, es muß in der Ehe immer wieder erneuert und im alltäglichen Miteinander verwirklicht werden. Allein in verläßlichen und dauerhaften Beziehungen können Liebe und Treue sich frei entfalten, können Konflikte und Schwierigkeiten offen ausgetragen und Spannungen und Krisen überwunden werden. Wer heiratet, verbürgt sich, weder über den anderen noch über die Beziehung nach eigener Willkür zu verfügen. Sein Ja gilt unbefristet, vorbehaltlos, ohne Wenn und Aber. Auf diesem Ja baut Ehe auf.

Liebende tun gut daran, den Beginn ihres gemeinsamen Lebensweges festlich zu begehen. **Fest** hat wohl auch etwas mit **Festigkeit** zu tun. Hochzeit feiern bedeutet dann, sich am anderen **festmachen**, sich an ihn binden, ihm zeitlebens verbunden sein. „Komm in mein Leben", laden die Partner einander ein.

In der Feier der Hochzeit wird Wichtiges über die christliche Ehe ausgesagt. Die Ehe ist ein Sakrament. Sakramente greifen zwar an bestimmten, oft entscheidenden „Knotenpunkten" unseres Lebens ein – wie etwa bei der Hochzeit –, aber sie wollen über diesen Zeitpunkt hinweg das gesamte Leben mitprägen und mittragen, also zeitlebens wirken. Wenn Brautleute sich das Sakrament der Ehe spenden, geht es nicht so sehr um ein einmaliges Geschehen, sondern vielmehr um die ganze Geschichte dieser Ehe. Wenn sie in der

Ehe einander vertrauen, umeinander besorgt sind, in Krisen zueinander stehen, Freude und Leid miteinander teilen, sich gegenseitig trösten und einander Mut zusprechen, dann ist darin zugleich Gottes Zuneigung, Güte, Fürsorge, Trost und Vergebungsbereitschaft spürbar wirksam. Eheleute werden dann füreinander und für andere zu Zeugen des liebenden und menschenfreundlichen Gottes.

Junge Paare erbitten – oft unausgesprochen – mit der kirchlichen Trauung „Gottes Segen“ für ihre Ehe. Sie ahnen oder spüren sogar recht deutlich, auf welch „abenteuerliches“ Wagnis sie sich einlassen. Da ist es gut zu wissen, daß sie nicht allein stehen, nicht alles selbst in der Hand halten müssen. „Segnen“ kommt vom lateinischen „benedicere“ – gut sprechen oder wohl sagen. „Segen Gottes“ meint dann: Gott sagt dem Menschen Gutes zu, er will ihm wohl, er steht ihm wohlwollend zur Seite. Mit der kirchlichen Trauung beabsichtigen zwei Menschen, ihren gemeinsamen Lebensweg eben mit diesem Gott zu beginnen.

Dû bist mîn, ich bin dîn:
des solt dû gewis sîn.
dû bist beslozzen
in mînem herzen:
verlorn ist daz slüzzelîn:
dû muost immer drinne sîn.

Hochzeit

Lothar Zenetti

Bewohne mein Haus,
bediene dich meiner Sachen,
mach dir's bequem.

Komm in mein Leben,
ruhe dich aus oder spiele
mit meinen Gedanken.

Sage, wenn möglich:
Hier bin ich, hier bleib ich,
hier bin ich zuhaus.

Und sag nicht nur ich,
sage du, sage wir,
sag das schöne Wort: immer.

Du bist mein, ich bin dein:
dessen sollst du gewiß sein.
Du bist verschlossen
in meinem Herzen:
verloren ist das Schlüsselein:
du mußt für immer drinnen sein.

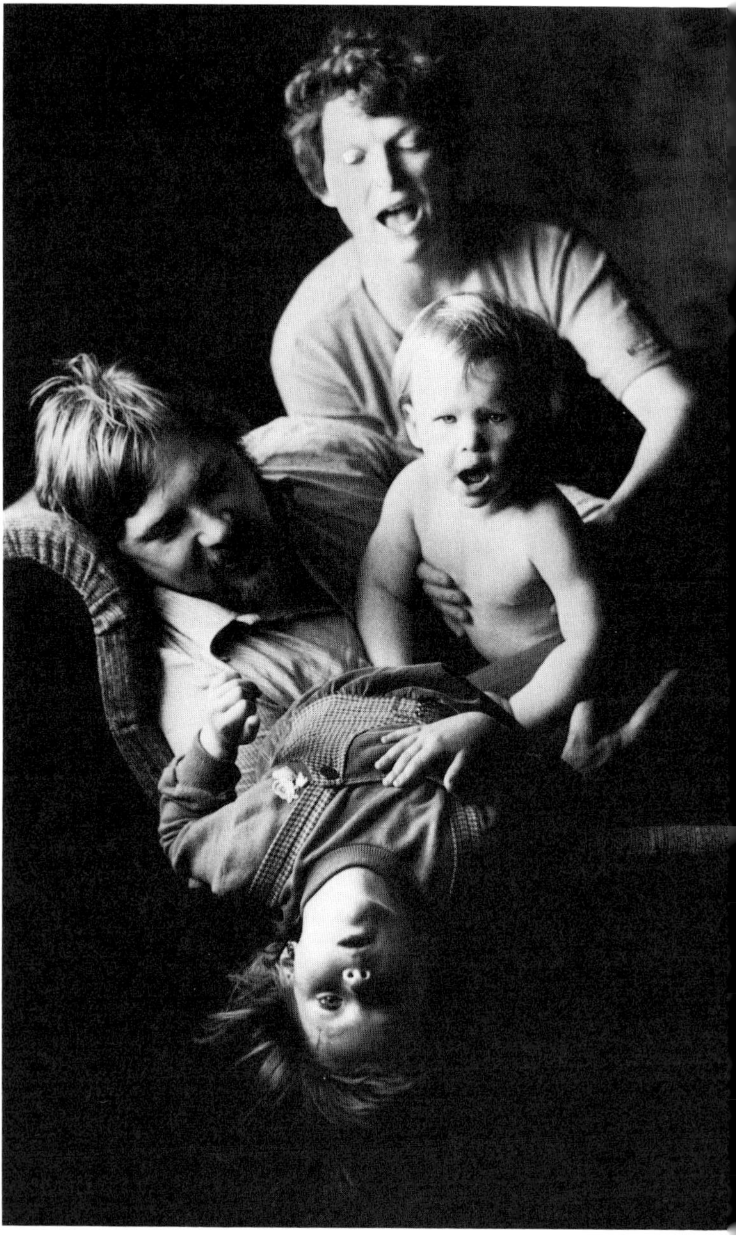

Feierlicher Schlußsegen bei der Trauung

Gott, der allmächtige Vater,
bewahre Euch in seiner Liebe,
und der Friede Christi wohne stets in eurem Hause.
Amen.

Gott segne euch (in euren Kindern)
alle Tage eures Lebens,
er gebe euch treue Freunde
und den Frieden mit allen Menschen.
Amen.

Seid in der Welt Zeugen der göttlichen Liebe
und hilfsbereit zu den Armen und Bedrückten,
damit sie euch einst
in den ewigen Wohnungen empfangen.
Amen.

Und euch alle,
die ihr zu dieser Feier versammelt seid,
segne der allmächtige Gott,
der Vater und der Sohn + und der Heilige Geist.
Amen.

„Du bist in unserer Mitte, Herr,
und dein Name ist über uns angerufen.
Verlaß uns nicht."

Jeremia 14,9

In Deutschland und Österreich
haben sie Leute gefragt:
Was ist Euch „heilig“,
also unaufgebbar und unantastbar?

„Heilig“ ist den Menschen
der Wunsch
nach einem NAMEN.

In was schneide ich deinen Namen

Ich möchte meinen ‚alten' Namen beibehalten", sagt die junge Frau und setzt hinter den Namen des Mannes ihren Geburtsnamen. Zu viel verbindet sie mit ihrem bisherigen Namen, als daß sie ihn so ohne weiteres aufgeben und ihn gegen einen anderen eintauschen möchte.

„Heilig" ist den Menschen der Wunsch nach einem Namen. Einen Namen haben bedeutet für sie: von anderen gegrüßt werden, bekannt und anerkannt sein, sich beachtet und geachtet wissen, Ruf und Ansehen haben.

Unser Name weist uns aus. Durch ihn grenzen wir uns ab von anderen, durch ihn gewinnen wir Profil: wir sind gemeint, unverwechselbar wir selbst – und niemand anders. Wir sind **einmalig**, **einzigartig**, **unaustauschbar**. Ich bin Ich und Du bist Du – zwei Menschen unter Millionen von Menschen.

Die Menschen unserer Zeit leiden unter Namenlosigkeit. Ihr Name scheint heute weit weniger wichtig zu sein als ihre „Personal"-Nummer: auf Lohn- und Steuerkarten, auf Bestell- und Kundenbescheiden, auf Rechnungen und Krankenscheinen. Was den Menschen zur Person macht, was ihn in seiner Einmaligkeit und Andersartigkeit heraushebt aus der Vielzahl der Mitmenschen – **sein Name –**, wird in immer mehr Lebensbereichen bedeutungslos, nichtssagend. Menschen erhalten Nummern, ihre Name tut nichts zur Sache.

Sind unsere Namen, unsere Gesichter mittlerweile aus-

Ich trage Deinen Namen, Herr,
und bin doch namenlos.
Verloren bin ich oft –
kann ich gefunden werden?

Mag man die Massen
auch statistisch fassen,
aus Menschen Nummern machen.
Du, Herr, rufst mich stets
bei meinem Namen.

Gebet aus Asien

tauschbar geworden wie die verschiedenen Nummern auf den Papieren, die uns begleiten? Oder ist jeder Name, jedes Gesicht nach wie vor unverwechselbar einzig? Nicht gut, geradezu tödlich ist es für den Menschen, keinen Namen zu haben, namenlos zu bleiben,

nomen est omen oder im Namen liegt eine (Vor-)Bedeutung

- *er hat einen Namen*
- *sein Name hat einen guten Klang*
- *er bringt unseren guten Namen in Verruf*
- *der Name sagt alles*
- *wir haben einen Namen zu verlieren*
- *wir wollen unseren guten Namen wahren*
- *er hat sich einen Namen erworben*
- *er hat sich diesen Namen redlich verdient*
- *unser Name bürgt für Qualität*
- *unser Name verpflichtet*
- *unser Name: ein Markenzeichen*

nicht zur Kenntnis genommen zu werden. Deshalb ist ihm der Wunsch nach einem Namen „heilig“, also unaufgebbar!

Vielen Menschen verbleiben heute allein Ehe und Familie für ihre Lebenshoffnung, einen Namen zu haben und Anerkennung zu finden. Hier erleben sie noch, was es bedeutet, ganz persönlich gemeint und über einen gemeinsamen Namen mit anderen Menschen zutiefst verbunden zu sein. Hier können sie in der guten Gewißheit leben, ohne Vorbedingungen, ohne Leistungsnachweise, ohne Wenn und Aber angenommen und geliebt zu werden. Der gemeinsame Name bestätigt die Eheleute in ihrer Hoffnung, füreinander unaustauschbar zu sein, einander zeitlebens bedeutsam zu bleiben.

Inschrift

Sag
in was
schneide ich
deinen Namen?

In den Himmel?
Der ist zu hoch
In die Wolken?
Die sind zu flüchtig

In den Baum
der gefällt und verbrannt
wird?
Ins Wasser
das alles fortschwemmt?

In die Erde
die man zertritt
und in der nur
die Toten liegen?

Sag
in was
schneide ich
deinen Namen?

In mich
und in mich
und immer tiefer
in mich

Erich Fried

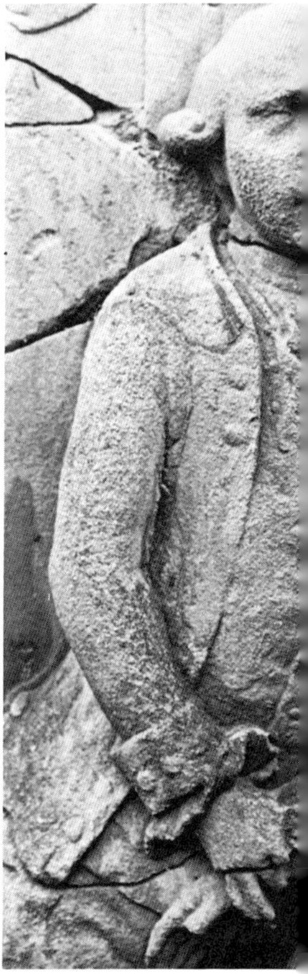

So spricht der Herr:
„Fürchte dich nicht,
denn ich habe dich ausgelöst,
ich habe dich beim Namen gerufen,
du gehörst mir."

Jesaja 43,1

Herr ZETT
suchte verzweifelt den Weg
zu sich selbst,
landete aber ausnahmslos
immer bei anderen.
Nie erfuhr er,
daß das der einzige
richtige Weg war.

Kurtmartin Magiera

Sag ja zu Dir

Wir wollen uns doch selbst verwirklichen", sagt das junge Paar und bleibt lieber unverheiratet. Es ist der Meinung, daß die Ehe sie in ihrer Selbstverwirklichung behindere oder doch zumindest stark beeinträchtige.

Verbergen sich hinter dem Wunsch nach Selbstverwirklichung nicht berechtigte Sehnsüchte, Träume und Hoffnungen? Wer wünscht sich nicht, den eigenen Interessen und Neigungen folgen zu können? Wer träumt nicht davon, frei und ungebunden leben zu dürfen? Wer gibt sich nicht der Hoffnung hin, sein Leben nach eigenen Vorstellungen gestalten zu können?

Vielleicht ist „Selbstverwirklichung" für diese Wünsche, Hoffnungen und Träume nicht gerade ein glückliches Wort, weil es zu Mißverständnissen führen kann. Zu bewußt drängt sich das „Selbst" in den Vordergrund, zu betont wird das „Selbst-wirken-Wollen" herausgestellt. Der andere gerät allzu leicht aus dem Blick, und übersehen wird, daß vieles im Leben nun einmal weder planbar noch machbar ist – eben Geschenk. Etwas, was wir anderen oder einem Anderen verdanken. Die Gefahr besteht, daß der Mensch sich selbst genügt und sich zum Maß aller Dinge macht.

Aber der Wunsch nach Eigenständigkeit, Eigeninitiativen, Freiraum und Selbstand ist berechtigt – auch und gerade in der Ehe. Ich muß doch **selbst**-bewußt sein, um die eigenen Stärken und Qualitäten

Selbstverwirklichung

selbst –	wirklich werden
selbst –	wirklich sein
selbst –	wirken
selbst –	wirksam sein

Sich selbst verwirken ....

f ü r a n d e r e

wissen, mich um meiner selbst willen bejahen und annehmen lernen, wenn ich einem anderen Menschen wirklich Partner sein will. „Liebe deinen Nächsten **wie dich selbst**", heißt das Liebesgebot der Christen. Wie will ich einen anderen Menschen lieben, wenn ich mich selbst nicht lieben kann? Es gibt genügend Menschen, die sich selbst nicht „riechen" können, die sich unausstehlich finden, die nichts anderes als Fehler und Schwächen bei sich wahrnehmen. Sie stehen sich selbst im Wege und versperren sich zugleich den Weg zum anderen.

„Ein Mensch wird man durch einen anderen Menschen", sagen die Afrikaner. Sie legen damit die Kehrseite der Medaille offen. Ich kann mich selbst nur „gut leiden", annehmen und lieben, wenn ich mich von anderen bereits angenommen und geliebt weiß. Durch sie lerne ich, mich zu bejahen und zu mir selbst zu finden. Der geliebte Partner trägt entscheidend bei zu meiner Identität, zum notwendigen Maß an Selbstübereinstimmung und (wohlverstandener) Selbstzufriedenheit.

Nach dem jüdischen Philosophen Martin Buber sollten die Menschen in all ihrem Tun „bei sich beginnen, aber nicht bei sich enden; von sich ausgehen, aber nicht auf sich abzielen; sich erfassen, aber sich nicht mit sich befassen." Dieses Wort könnte ein Leitspruch sein für Eheleute, die einander helfen wollen, sich in ihrer Ehe (selbst) zu verwirklichen.

Wort an Wort

Wir wohnen
Wort an Wort

Sag mir
dein liebstes
Freund

meines heißt
DU

Rose Ausländer

Rabbi Sussja von Anipoli pflegte auf seinen Wanderungen von Ort zu Ort den Menschen zu sagen: „Ich fürchte mich nicht davor, keine Antwort zu finden, wenn ich nach meinem Tod vom höchsten Richter gefragt werde: ‚Sussja, warum warst Du Deinem Volk nicht ein so großer Führer wie Mose oder ein so feuriger Prophet wie Elija oder ein so berühmter Schriftgelehrter wie Rabbi Akiba?' Aber ich fürchte, daß meine Worte verstummen, wenn ich gefragt werde: ‚Sussja, warum bist Du nicht Sussja geworden? Warum hast Du Dich entfernt von dem Bild, nach dem ich Dich geschaffen? Warum bist Du mit Deinen Anlagen und mit meinen Gaben Dir so fremd, so unähnlich geworden?'"

Sag ja zu dir

Sag ja zu dir, so wie du bist.
Nur wer barmherzig mit sich ist,
ist's auch zum andern neben sich.
Gott will, daß du ihn liebst wie dich.

Sei gut zu dir und nimm dich an.
Nur wer sich selber lieben kann,
liebt auch den anderen neben sich.
Gott will, daß du ihn liebst wie dich.

Entdecke dich und deinen Wert.
Nur wer die eigenen Gaben ehrt,
ehrt auch den anderen neben sich.
Gott will, daß du ihn liebst wie dich.

Vergib dir Fehler und Fragment.
Nur wer die eignen Grenzen kennt,
vergibt dem anderen neben sich.
Gott will, daß du ihn liebst wie dich.

Gott nimmt dich an und ist dir gut.
Gib weiter, was er Gutes tut,
an deinen Nächsten neben dir.
Dann wird aus ich und du ein Wir.

Detlev Block

*„Wer sein Leben zu bewahren sucht,
wird es verlieren;
wer es dagegen verliert,
wird es gewinnen."*

Lukas 17,33

… in guten und in bösen Tagen

Ich nehme dich an
und verspreche dir die Treue
in guten und in bösen Tagen,
in Gesundheit und Krankheit.
Ich will dich lieben,
achten und ehren,
solange ich lebe.

Treue so	oder so
den anderen „sicher“ haben	sich umeinander bemühen
sich gehenlassen	füreinander anziehend bleiben
Untreue vermeiden	liebevoll miteinander umgehen
alles beim alten belassen	Neues aneinander entdecken
den ehelichen Pflichten nachkommen	zärtlich sein
sich aneinander gebunden wissen	die Nähe des anderen suchen
um des lieben Friedens willen nachgeben	im Gespräch bleiben
einander geduldig ertragen	umeinander besorgt sein
sich dem anderen verpflichtet fühlen	einander leben helfen
Liebe einfordern	dem anderen liebenswert bleiben
Konflikten aus dem Wege gehen	Krisen durchstehen und aufarbeiten
sich dem anderen anpassen	sich selbst treu bleiben können
Treue einhalten	Treue gestalten

Treu sein – so deutet es die sprachliche Herkunft – bedeutet so viel wie **baumstarke Zuversicht haben**. „Treue" und „Baum" sind alte Verwandte. Beide haben einen gemeinsamen Vorfahren: das Indogermanische „drew(o)" = Baum. Tatsächlich erhoffen sich Menschen, die einander zeitlebens treu sein wollen, etwas von dieser baumstarken, unerschütterlichen Verläßlichkeit für ihre Ehe. Sie glauben fest und stark an ihren Partner, vertrauen sich ihm vorbehaltlos an und bauen auf die eigene Treue und auf die Treue des anderen. Wie der Baum von Jahr zu Jahr stämmiger und in seinem Laubwerk fülliger wird, so soll auch die Treue der Eheleute wachsen und sie mehr und mehr erfüllen.

Das Wachsen der Treue kann aber auch behindert oder gar verhindert werden. Da sind sich Eheleute einander „zu sicher", bemühen sich nicht mehr genügend umeinander, lassen sich vielleicht sogar „gehen". Sie achten nicht mehr darauf, füreinander anziehend und liebens-wert zu bleiben. Ihre Treue ist mit der Zeit „leer geworden". Die Eheleute fühlen sich zwar noch dem einst gegebenen Ja verpflichtet. Sie halten die Treue auch ein, insofern sie „nichts mit einem anderen haben" und Untreue vermeiden. Aber sie leben nicht mehr ihre Treue!

Eheliche Treue verdorrt und stirbt ab, wo nur darauf geachtet wird, was außerhalb der Ehe nicht sein soll und nicht sein darf. Eheliche Treue wird zur unerträglichen Belastung, wo sie einseitig allein im Sinne von „aushalten", „durchstehen", „geduldig ertragen" erlebt wird. Wenn Treue ausschließlich diese Perspektive hat, kennt sie keine Zukunft mehr. Sie ist nur noch rückwärtsgewandt, tunlichst darauf bedacht, die einst eingegangene Verpflichtung gewissenhaft einzuhalten. Eine solche Treue ist auf Dauer kaum tragfähig.

Der französische Philosoph Gabriel Marcel setzt dagegen die „schöpferische Treue", die die Zukunft einbezieht. Sie fordert zu Phantasie und Kreativität heraus, sie unterstützt und fördert die Entwicklungsmöglichkeiten der Partner und der Beziehung, sie hilft Leben gestalten. Die „schöpferische Treue" umspannt die gesamte Liebes- und Ehegeschichte. Sie gründet auf dem unwiderruflichen Ja, das die Partner sich einst versprochen haben. Sie lebt von dem Bemühen der Eheleute, dieses Ja immer wieder in ihrem Ehealltag zu erneuern und zu füllen. Sie weist über den Tag hinaus, indem sie Hoffnungen und Sehnsüchte lebendig hält und für Entwicklungen offen ist. Die „schöpferische Treue" will Ehe gestalten helfen, damit die Eheleute auch nach zehn oder zwanzig Jahren noch Neues aneinander entdecken können, das sie staunend und bewundernd einander sagen läßt: Du bist mir nach wie vor liebenswert und kostbar; du bist für mich unersetzbar und unaustauschbar; es ist gut, daß es dich gibt, daß du da bist. Die Ehe lebt von den alltäglichen Treuegeschichten der Eheleute.

Christliche Eheleute können in der guten Gewißheit miteinander leben, daß Gott selbst treu ist und zu ihnen steht in den „guten und bösen

Unser Ja ist ein Ja
Unser Ja ist kein Jaja
Unser Ja ist kein Möglicherweise,
kein unter Umständen,
kein Probeweise.
Unser Ja ist kein Naja.
Unser Ja
ist ein Ja zu uns,
wie wir sind
und wie wir werden können.

Josef Dirnbeck

Tagen“ ihrer Ehe. Menschliche Treue ist aufgehoben in Gottes Treue. Die „baumstarke“ Zuversicht auf Treue findet in ihm ihren letzten Grund. „Zum biblischen Glaubenszeugnis, wer Gott für die Menschen ist, gehört das Zeugnis von Gottes Treue. Und diese Treue meint, daß Gott unermüdbar seine Geschichte mit den Menschen sucht und von den Menschen her nicht abbrechen läßt, sie vielmehr immer wieder neu beginnt und weiterführt. Gott läßt sich von seinen guten Zielen für die Menschen nicht abbringen. Er hat sich gebunden an die Menschen ...“

(D. Emeis)

Treue

Ein hoher Beamter fiel bei seinem König in Ungnade. Der König ließ ihn im obersten Raum eines Turmes einkerkern. In einer mondhellen Nacht aber stand der Gefangene oben auf der Zinne des Turmes und schaute hinab.

Da sah er seine Frau stehen. Sie machte ihm ein Zeichen und berührte die Mauer des Turmes. Gespannt blickte der Mann hinunter, um zu erkennen, was seine Frau hier tat. Aber es war für ihn nicht verständlich, und so wartete er geduldig auf das, was da kam.

Die Frau am Fuß des Turmes hatte ein honigliebendes Insekt gefangen; sie bestrich die Fühler des Käfers mit Honig. Dann befestigte sie das Ende eines Seidenfadens am Körper des Käfers und setzte das Tierchen mit dem Kopf nach oben an die Turmmauer, gerade an die Stelle, über der sie hoch oben ihren Mann stehen sah. Der Käfer kroch langsam dem Geruch des Honigs nach, immer nach oben, bis er schließlich dort ankam, wo der gefangene Ehemann stand.

Der gefangene Mann war aufmerksam und lauschte in die Nacht hinein, und sein Blick ging nach unten. Da sah er das kleine Tier über die Rampe klettern. Er griff behutsam nach ihm, löste den Seidenfaden, befreite das Insekt und zog den Seidenfaden langsam und vorsichtig zu sich empor.

Der Faden aber wurde immer schwerer, es schien, daß etwas daran hing. Und als der Ehemann den Seidenfaden ganz bei sich hatte, sah er, daß am Ende des turmlangen Fadens ein Zwirnfaden befestigt war.
Der Mann oben zog nun auch diesen Faden zu sich empor. Der Faden wurde immer schwerer, und siehe, an seinem Ende war ein kräftiger Bindfaden festgemacht. Langsam und vorsichtig zog der Mann den Bindfaden zu sich empor. Auch dieser wurde immer schwerer. Und an seinem Ende war dem Mann eine starke Schnur in die Hand gegeben. Der Mann zog die Schnur zu sich heran, und ihr Gewicht nahm immer mehr zu, und als das Ende in seiner Hand war, sah er, daß hier ein starkes Seil angeknotet war.
Das Seil machte der Mann an einer Turmzinne fest. Das Weitere war einfach und selbstverständlich. Der Gefangene ließ sich am Seil hinab und war frei. Er ging mit seiner Frau schweigend in die stille Nacht hinaus und verließ das Land des ungerechten Königs.

*„Aber der Herr ist treu;
er wird euch Kraft
geben und euch
vor dem Bösen bewahren.“ –*

2. Brief an die Thessalonicher 3,3

Zusage

Bleib bei mir
damit dir nichts
geschieht
meine Atemzüge
dein Wiegenlied

Ich halt dich fest
ich laß dich los
bei mir bist du sicher
in Abrahams Schoß.

Ulla Hahn

Zuhause bin ich da, wo ich leben kann

Wir wollen uns hier wohnlich einrichten", sagt das junge Ehepaar beim Einzug in die Wohnung. Es meint damit mehr als nur den Wohnraum: Wir wollen uns ein Zuhause geben, uns behaglich und heimisch fühlen, uns einen Ort vertrauter Nähe schaffen.

Menschen haben bis heute die Hoffnung nicht aufgegeben, irgendwo beheimatet zu sein, irgendwo Wurzeln schlagen zu können, irgendwo einen Ort verläßlichen Lebens zu finden. Die gemeinsame Wohnung ist ein solcher Ort. Hier können Menschen sein, wie sie wirklich sind oder wie sie wirklich sein wollen, hier können sie sich öffnen und Schutz- und Wehrlosigkeit riskieren, hier können sie durchatmen und „Mensch sein". Wenn wir abends in die Wohnung zurückkehren, sagen wir zu Recht: wir kommen **heim**. Die Wohnung ist uns zur Heimat geworden.

Unsere Wohnungen sind heute größer und stattlicher, aber sind sie dadurch auch wohnlicher? Viele Menschen leben in komfortablen Wohnungen, haben aber dennoch kein Zuhause. Sie fühlen sich

Zuhause
bin
ich da …

wo jemand mit Sorge auf mich wartet
wo ich Fehler machen darf
wo ich Raum zum Träumen habe
wo ich meine Füße ausstrecken kann
wo ich gestreichelt werde
wo ich geradeheraus reden kann
wo ich laut singen darf
wo immer ein Platz für mich da ist
wo ich ohne Maske herumlaufen kann
wo einer meine Sorgen anhört
wo ich still sein darf
wo jemand meine Freude teilt
wo mir jemand das Essen zubereitet
wo mir Trost zuteil wird
wo ich Wurzeln schlagen kann

wo ich leben kann.

unbehaust und heimatlos; sie leiden unter Beziehungsverarmung oder gar Beziehungslosigkeit. Die Menschen scheinen sich heute immer weiter voneinander zu entfernen. Sie sehen fern, sie hören fern, sie studieren fern. Ihre Wohnungen werden ferngeheizt, und schon bald werden alle Besorgungen ferngesteuert. Menschliche Beziehungen werde rar. Und weil sie so rar sind, werden sie um so kostbarer. Umfragen zeigen: Für die meisten Menschen bedeutet „geglücktes Leben“ in „guten Beziehungen“ leben.

Unsere Hoffnungen, Sehnsüchte und Wünsche nach gelingendem Leben siedeln wir verstärkt in unseren privaten Lebensbereichen an. In Freundschaft und Partnerschaft, in Ehe und Familie suchen wir das zu finden, was uns die „anonyme Welt“ von Schule, Arbeit, Politik oder Freizeitindustrie weitgehend vorenthält: Annahme, Bestätigung, Verläßlichkeit und nicht zuletzt Beheimatung. Wir überfordern jedoch unseren Partner, wenn er uns ausschließlich und allein Lebenssinn, Lebensglück und Lebenshoffnung er-

öffnen soll. Unsere überanstrengten Erwartungen müssen in Enttäuschung und Resignation umschlagen. Wir brauchen neben dem Partner noch andere Menschen, neben Ehe und Familie noch andere Gruppen und Kreise, die uns dabei helfen, daß unsere Träume von beheimatetem Leben nicht vergeblich geträumt werden.

Zu fragen bleibt: Kann ein Mensch einem anderen Menschen ein Leben lang „alles" sein? Kann ein Mensch einem anderen Menschen sicherer Halt sein in einer „haltlosen" Welt? Kann ein Mensch einem anderen Menschen „letzte" Heimat sein angesichts bedrükkender Erfahrungen von Heimatlosigkeit und Fremdheit in dieser Welt? Können zwei Menschen sich Heimat geben, sonst aber als Fremde unter Fremden leben?

Bitte

gott
gib uns
ein mauseloch
eine kleine fluchtröhre
durch die
wir uns retten
vor dem zugriff der kälte
in die warme stube
deines himmels.

Wilhelm Willms

Zur Wirklichkeit des Menschen gehört es, daß seine Wünsche, Hoffnungen und Träume nie restlos in Erfüllung gehen. Wir werden immer „irgend etwas" ersehnen, erhoffen, erträumen. Wir werden wohl nie wunschlos glücklich sein. Könnten wir Menschen uns selbst alle Wünsche, Hoffnungen und Sehnsüchte erfüllen, gäbe es sie nicht mehr in unserem Leben. Wir machen jedoch die gegenteilige Erfahrung, ja wir spüren sogar Tag für Tag, wie sehr gerade das, was wir ersehnen und erhoffen, stets auch bedroht ist und bisweilen sogar zerbricht. Unsere ungestillten und unerfüllten Wünsche, Hoffnungen und Sehnsüchte zeigen unsere eigene Begrenztheit auf; sie weisen gleichzeitig über uns hinaus auf jemanden hin, der sie uns „eingepflanzt" hat und der sie einst zur Reife bringen wird.

Christlicher Glaube besagt, daß all unsere Wünsche, Hoffnungen und Träume letztlich aufgehoben sind bei Gott. So auch unsere Lebenshoffnung auf endgültige Beheimatung. „Christlich an Gott glauben meint einen Gott haben, der als letzter bergender Halt für den Menschen Heimat ist. ‚Vater' nennen die Christen ihren Gott in der Überzeugung, in ihm ihr Zuhause zu haben." (D. Emeis)

Mancher rennt dem Glück nach und weiß nicht, daß er's zu Haus hat. *Adolf Kolping*

Es war einmal ein Ehepaar, das lebte glücklich irgendwo. Die beiden liebten sich, teilten Freude und Leid, Arbeit und Freizeit, Alltag und Sonntag miteinander. Über Jahre lebte das Ehepaar in diesem Glück, bis eines Tages ...

Eines Tages las das Ehepaar miteinander in einem alten Buch. Es las, am Ende der Welt gäbe es einen Ort, an dem der Himmel und die Erde sich berührten. Dort gäbe es das große Glück, dort sei der Himmel.

Das Ehepaar beschloß, diesen Ort zu suchen. Es wollte nicht umkehren, bevor es den Himmel gefunden hätte. Das Ehepaar durchwanderte nun die Welt. Es erduldete alle Entbehrungen, die eine Wanderung durch die ganze Welt mit sich bringt. Sie hatten gelesen, an dem gesuchten Ort sei eine Tür, man brauchte nur anzuklopfen, hineinzugehen und schon befinde man sich beim großen Glück.

Endlich fand das Ehepaar, was es suchte. Die beiden klopften an die Tür, bebenden Herzens sahen sie, wie sie sich öffnete.

Und als sie eintraten, blieben sie sofort erstaunt stehen. – Sie standen in ihrer eigenen Wohnung. Die Wohnung war so, wie sie sie verlassen hatten. Nein, nicht ganz! Da gab es eine neue Tür, die nach draußen führte und jetzt offenstand.

Da begriffen sie: Der Ort, an dem Himmel und Erde sich berühren, an dem das Glück zu finden ist, dieser Ort befindet sich auf dieser Erde. Er befindet sich direkt in unserer Umgebung. Wir brauchen nur am Leben anderer teilnehmen, andere an unserem Leben teilnehmen lassen.

Nach einer Legende

*„Im Haus meines Vaters gibt es viele Wohnungen.
Wenn es nicht so wäre,
hätte ich euch dann gesagt:
Ich gehe, um einen Platz für euch vorzubereiten?“*

Johannes 14,2

Harmonische Ehe

Er lebt bedürfnislos.
Sie ist auch
mit nichts zufrieden.

Rupert Schützbach

Lieber sich gehörig streiten ...

„Streit-Bilder“

reinigendes Gewitter
das Ende eines Tunnels
Segelpartie bei Windstärke 9
bohrende Stille im hohlen Zahn
wandernde Nierensteine
eine schattenwerfende Wolke
Reif am frühen Morgen
aufloderndes Feuer

Herzklopfen beim Zahnarzt
Regen auf trockenes Land
allmähliche Morgendämmerung
um die Beute zankende Raubvögel
ein die Schale sprengendes Küken
ein dröhnender Sturzbach
ein befreiender Atemzug
Korn zwischen Mühlsteinen

„Wir haben uns doch noch nie gestritten", sagte die Frau in den mittleren Jahren. Als alle erstaunt aufblickten und sich wunderten, fuhr sie fort: „Man muß doch auch mal nachgeben können, einen Rückzieher machen, von sich selbst absehen – um des Friedens willen. Er ist weit wichtiger als die Eigeninteressen der Eheleute. Wir sehen es doch bei Freunden und Bekannten: Streit zerstört eine Ehe."

Wie diese Frau denken und empfinden viele. Spannungen und Konflikte haben etwas Bedrohliches an sich. Bedroht fühlen wir uns in unserer Sehnsucht nach Harmonie, Ruhe und Ausgeglichenheit. Je mehr wir „draußen in der Welt" Machenschaften, Anfeindungen, Neid oder Mißgunst ausgesetzt sind, desto größer ist in uns der Wunsch nach friedlichem und verständnisvollem Zusammenleben in der überschaubaren Lebenswelt von Ehe und Familie. Konflikte und Streit hingegen lösen Ängste und Unbehagen, Ärger und Enttäuschung, Gefühle der Schuld und der Unterlegenheit aus. Da wird es verständlich, wenn viele Menschen sich bemühen, alles zu vermeiden, was den Frieden in der Ehe und in der Familie stören könnte.

Dennoch bleibt auch dieser „abgeschirmte Ort" des friedlichen Umgangs miteinander nicht frei von Meinungsverschiedenheiten, Schwierigkeiten, Verstimmungen. Selbst Menschen, die sich lieben, stimmen nicht in allem überein, sind in vielen Dingen geteilter Meinung. Sie bringen ihre jeweilige Lebensgeschichte mit teilweise unterschiedlichen, oft sogar gegensätzlichen Lebenseinstellungen, Wertordnungen und Erfahrungen in die Ehe ein. Was dann in den Ehen und Familien so heftige Reaktionen auslöst, sind Werte- und Normenkonflikte, die grundsätzliche Lebensfragen berühren. Keine Bagatellen, keine strittigen Allerweltsfragen! Wenn **Werte** und **Haltungen** angefragt sind, stehen Lebensentwürfe zur Diskussion, stellt sich nicht selten die Sinnfrage. Wo Grundsätzliches in Frage gestellt oder gar angezweifelt wird, trifft es den Lebensnerv des Menschen. Gefühle und Aggressionen, Kränkungen und Verwundungen spielen da hinein. Das macht es Eheleuten, Eltern und Kindern so schwierig, **vernünftige** Lösungswege zu finden.

Zerstörerisch wirken Konflikte und Streit allein dann, wenn sie überspielt, beiseite geschoben oder gar verdrängt werden. Wer ständig Ärger, Demütigungen oder Enttäuschungen „um des lieben Friedens willen" herunterschluckt, wird irgendwann erleben müssen, daß der „berühmte Tropfen" das Faß zum Überlaufen bringt. Dann genügt schon eine alltägliche Begebenheit, um einen vulkanartigen Ausbruch auszulösen. Der Partner aber kennt nicht die oft langjährige Vorgeschichte, er nimmt nur den augenblicklichen Vorfall wahr und verurteilt das Verhalten des anderen als maßlos übertrieben.

Je vertrauter sich Menschen sind, um so heftiger und bedrückender werden Spannungen erlebt. Dennoch müssen sie selbst unter sich liebenden Menschen zugelassen und angenommen werden. Sie können offen und frei ausgetragen werden – ohne Verwundungen und Verletzungen, ohne Liebesentzug, ohne Vorwürfe mangelnder Dankbarkeit, ohne Sieger und Besiegte –, wenn die Eheleute oder Eltern und Kinder sich ehrlich der Sache stellen, Ärger und Aggressionen zur Sprache bringen, Hintergründe erhellen, Behauptungen begründen und überprüfbar machen, Grenzen der Belastbarkeit bei sich und beim anderen (an-)erkennen, eigenes Versagen oder eigene Schuld eingestehen, sich entschuldigen und einander verzeihen. Allein diese Einstellung und Haltung zu Streit und Konflikt bewirken Veränderungen und eröffnen Umkehr und Neuanfang. „Lieber sich gehörig streiten als sich schlecht befrieden", meint ein mongolisches Sprichwort.

Ich bin bei Euch

Inmitten
von
Spannungen
Schwierigkeiten
Konflikten –
sein Wort:
Ich bin bei Euch.

Inmitten
von
Lieblosigkeiten
Demütigungen
Verwundungen –
sein Trost:
Ich bin bei Euch.

Inmitten
von
Ängsten
Bedrohungen
Krisen –
sein Versprechen:
Ich bin bei Euch
alle Tage.

(nach Peter Friebe)

Ehegedicht

Geliebt haben wir uns,
daß das Gras um uns sich entzündete,
doch die Glut schadete uns nicht,
so selbstvergessen waren wir.

Verfolgt haben wir uns,
daß wir uns bis ins Mark trafen,
doch die Wunden schlossen sich wieder,
da kein Blut aus ihnen kam.
Seitdem wir uns aber geeinigt haben,
zusammen alt zu werden,
verwandelt sich die Liebe in Behutsamkeit,

und das Blut, das mitunter
nun aus Rissen quillt, schmerzt
Tropfen um Tropfen wie heißes Wachs.

Günter Herburger

„Warum siehst du den Splitter im Auge
deines Bruders,
aber den Balken in deinem Auge bemerkst
du nicht?
Wie kannst du zu deinem Bruder sagen:
Laß mich den Splitter
aus deinem Auge herausziehen! –
und dabei steckt in deinem Auge
ein Balken?“

Matthäus 7,3–4

Die große Schuld des Menschen
sind nicht die Sünden, die er begeht
– die Versuchung ist mächtig und
seine Kraft gering –
die große Schuld des Menschen ist,
daß er in jedem Augenblick die Umkehr
tun kann und nicht tut.

Martin Buber

Zwei Menschen, die sich wiedersuchen

Zwei Menschen

Zwei Menschen
die sich sehnen
suchen
die sich sehen
betrachten
die sich berühren
gefallen
die sich bedenken
begreifen
die sich verstehen
fühlen
die sich küssen
lieben
die sich hingeben
hinnehmen

die sich kennen
weh tun
die sich angreifen
verwunden
die sich abwenden
zweifeln
die sich quälen
leiden
die sich brauchen
erkennen
die sich wiedersuchen
neuzubeginnen
die sich sehnen

Regina Weitz

Es ist deine Schuld" – wir schreiben Schuld **groß**, wenn es um andere geht.

„Ich bin schuld" – wir schreiben Schuld **klein**, wenn es uns betrifft.

Die Schuld suchen wir nur zu gern beim anderen, schieben ihm die Schuld zu, brechen den („Schuld-")Stab über ihn; wir selbst lassen uns nichts zuschulden kommen, bleiben anderen nichts schuldig, fühlen uns „umständehalber" **ent**-schuldigt. Wir tun uns schwer mit der Annahme persönlicher Schuld. Vielleicht lasten wir sie so bereitwillig anderen an, weil sie uns zu sehr belastet.

Niemand ist frei von Schuld. Schuldig werden wir selbst den Menschen gegenüber, die wir lieben und denen wir nur Gutes wollen. Gerade ihnen bleiben wir vieles schuldig. Gemeint sind die „Schulden" unserer Versäumnisse, Unachtsamkeiten, Verweigerungen und Lieblosigkeiten. Die Ehe ist wohl der Ort, wo menschliche Selbstsucht, menschliche Eigeninteressen und menschliche Schwächen besonders schmerzlich erfahren werden. Je vertrauter sich Menschen sind, um so sensibler und verletzlicher werden sie füreinander. Unaufgearbeitete Schuld kann Menschen im wahrsten Sinne des Wortes **ent**-**zweien**; sie kann menschliche Beziehungen bedrohen oder gar zerstören.

Eine „glückliche Ehe" führt nicht der, der ohne Schuld und Versagen bleibt und in angeblicher Harmonie mit dem Partner lebt. Eine solche Ehe bleibt an der Oberfläche, geht nicht in die Tiefe, klammert wichtige Bereiche (mit-)menschlichen Lebens aus. Das „Glücklichsein" liegt im Vordergründigen und damit Unverbindlichen, in einer „heilen Welt", die die Eheleute vortäuschen. In einer wirklich „beglückenden" Ehe lebt der, der schuldig werden und versagen darf ... und dem vergeben wird. Was eine Ehe glücken läßt, ist nicht Schuldlosigkeit der Partner, sondern die befreiende und heilende Kraft der Vergebung. Sie bindet und verbindet, sie baut Brücken und Zuwege, sie eröffnet neues Leben. Nicht Schuld, verweigerte Vergebung ent-

Das Wort
Verzeihung ist
die beste
Münze im Haus.

Aus China

zweit Menschen. Eheleute bleiben oder kommen sich (wieder) nahe, wo sie einander vergeben und sich neu annehmen lernen – mit ihrer vergangenen Schuld.

Vergeben bedeutet ja nicht, das, was der andere mir getan und an Leid zugefügt hat, ungeschehen sein zu lassen oder einfach zu vergessen. Vergeben meint, den anderen mit seiner Vergangenheit, mit oder trotz seiner Schuld zu bejahen und zu lieben. „Vergebung heißt nicht das Ja zu einer vergangenen Schuld, wohl aber das Ja zu einem Menschen mit seiner vergangenen Schuld" (Otto Hermann Pesch). Wer sich in dieser Weise angenommen und verstanden weiß – und nicht verurteilt sieht –, wird nicht so schnell der Versuchung erliegen, seine Schuld zu verleugnen oder sie auf andere abzuwälzen. Er kann sich seine Schuld eingestehen, zu seiner Schuld stehen. Und er kann dann um Vergebung bitten und sie sich schenken lassen. Ohne Eingeständnis persönlicher Schuld gibt es keine Vergebung.

Diese Schuld kann schwer wiegen, ja so schwer, daß die Vergebung ihre Selbstverständlichkeit verliert. Da wird es schwerfallen, die eigene Enttäuschung zu überwinden und dem anderen zu verzeihen; da kann es auch schwer werden, um Vergebung zu bitten und Vergebung anzunehmen. Doch selbst in Zeiten abgrundtiefer Schuld kann die dennoch erbetene und gewährte Vergebung schmerzliche Wunden und Risse heilen und neues Vertrauen und Zutrauen wachsen lassen. Die Befreiung von Schuld kann anfordernd, bisweilen sogar überfordernd sein; sie kann aber auch zu einer beglückenden Erfahrung für beide Partner werden, nicht nur für den, dem Vergebung geschenkt wird, sondern auch für den, der sie bereitwillig schenkt. Im „Vater unser" beten wir um die Kraft zu solcher Vergebungsbereitschaft: „Vergib uns unsere Schuld, wie auch wir vergeben unseren Schuldigern."

Der christliche Vergebungsgedanke widersteht der menschlichen Neigung und dem gesellschaftlichen Trend, sich vom Gedanken der Schuld freizumachen, auf der eigenen Unschuld zu bestehen und Versagen allenfalls „beim anderen" zu suchen. Christlicher Glaube fordert die Menschen auf, zu ihrer Schuld zu stehen, und verheißt zugleich Vergebung. „Der ‚Gott unserer Hoffnung' ist uns nahe über dem Abgrund unserer redlich erkannten und anerkannten Schuld – als der unsere Entscheidungen Richtende und als der unsere Schuld Vergebende zugleich." (Synodenpapier „Unsere Hoffnung")

Das weiße Band am Apfelbaum

Einmal saß ich bei einer Bahnfahrt neben einem Mann, dem sichtlich etwas Schweres auf dem Herzen lastete. Schließlich rückte er dann auch damit heraus, daß er ein entlassener Sträfling und jetzt auf der Fahrt nach Hause sei. Seine Verurteilung hatte Schande über seine Frau und seine Kinder gebracht, sie hatten ihn nie im Gefängnis besucht und auch nur ganz selten geschrieben. Er hoffte aber trotzdem, daß sie ihm verziehen hatten.
Um es ihnen aber leichter zu machen, hatte er ihnen in einem Brief vorgeschlagen, sie sollten ihm ein Zeichen geben, an dem er, wenn der Zug an der kleinen Farm vor der Stadt vorbeifuhr, sofort erkennen könne, wie sie zu ihm stünden. Hatten die Seinen ihm verziehen, so sollten sie in dem Apfelbaum an der Strecke ein weißes Band anbringen. Wenn sie ihn aber nicht wieder daheim haben wollten, sollten sie gar nichts tun, dann werde er im Zug bleiben und weiterfahren, weit weg. Gott weiß, wohin.
Als der Zug sich seiner Heimatstadt näherte, wurde seine Spannung so groß, daß er es nicht über sich brachte, aus dem Fenster zu schauen. Ein anderer Fahrgast tauschte den Platz mit ihm und versprach, auf den Apfelbaum zu achten. Gleich darauf legte der dem jungen Sträfling die Hand auf den Arm. „Da ist er", flüsterte er, und Tränen standen ihm plötzlich in den Augen, „alles in Ordnung. Der ganze Baum ist voller weißer Bänder".
In diesem Augenblick schwand alle Bitternis, die ein Leben vergiftet hatte. „Mir war", sagte der Mann später, „als hätt' ich ein Wunder miterlebt. Und vielleicht war's auch eines."

Nach John Kord Lagemann

Laß nicht zu, Herr,
daß sie das Wort Verzeihung
aus dem Wörterbuch streichen,
daß der Schuldiggewordene
schuldig bleiben muß,
daß nur noch Vergeltung
und nicht mehr Vergebung zählt.

Herr, laß es nicht zu –
und fange bei uns an.

„Da trat Petrus zu ihm und fragte:
‚Herr, wie oft muß ich meinem Bruder vergeben,
wenn er sich gegen mich versündigt?
Siebenmal?'
Jesus sagte zu ihm:
‚Nicht siebenmal,
sondern siebenundsiebzigmal.'"

Matthäus 18, 21–22

Die Zeit ist begrenzt

die zeit
die ich mir
nehme

kann ich
den andern
lassen

Hans-Curt Flemming

Zeit-liches

Die Zeit
eilt
teilt
weilt
heilt
Die Zeit
steht
geht
weht
vergeht

Zeit und Muße

sind wie die zwei Seiten
einer kleinen Münze.

Sie zu mißachten,
heißt auf Reichtum
verzichten.

Wir haben kaum noch Zeit füreinander", klagen immer mehr Eheleute. Wir haben wohl mehr freie Zeit als frühere Generationen, aber ob wir mehr Zeit für uns, für unseren Partner, für andere Menschen haben, steht noch dahin. Es gibt wohl einen Unterschied zwischen meßbarer Zeit und subjektiv erlebter Zeit.

Unsere widersprüchlichen Erfahrungen mit der Zeit haben wir in zahlreichen Redensarten festgehalten: Die Zeit vergeht, die Zeit bleibt stehen, die Zeit läuft davon, die Zeit drängt, die Zeit heilt Wunden, die Zeit totschlagen, jemandem die Zeit stehlen, Zeit ist Geld, mit der Zeit gehen, die Zeit läuft ab. Die Zeit bestimmt **maß**-geblich unseren Lebensrhythmus; sie wird oft genug zum Maß aller Dinge, nicht zuletzt setzt sie unserem vergänglichen Leben unverrückbare Grenzen. Da stellt sich schon die Frage, wie wir mit der uns gegebenen oder noch verbleibenden Zeit umgehen, was wir aus ihr machen oder was sie aus uns macht.

Die meßbare Zeit lesen wir von Uhr und Kalender ab. Die Uhr teilt den Tag in Sekunden, Minuten, Stunden, der Kalender das Leben in Wochen, Monate und Jahre ein. Die Uhr mißt unsere Leistung, entscheidet über Erfolg oder Mißerfolg; der Kalender läßt uns von Termin zu Termin hetzen. Sie setzen uns unter Zeitdruck; sie verführen uns dazu, viele Dinge „gleich-zeitig" tun zu wollen. Die Zeit kann zur beliebten und beliebigen Ausrede werden. Hinter unseren Terminen und unserer Arbeit können wir uns recht gut verschanzen, um beispielsweise der längst fälligen Aussprache mit dem Ehepartner aus dem Wege zu gehen. Wenn wir nicht aufpassen, wird der Raum frei verfügbarer Zeit – unser „Zeitraum" – zusehends schrumpfen.

Zeit ist aber nicht nur etwas Meßbares, etwas gleichförmig Verlaufendes. Es gibt auch etwas, was die Zeit – die Stunde, den Tag, das Jahr, ja menschliches Leben – überdauert. Verliebte, Jungverheiratete, Ehepaare, die miteinander alt werden, Witwen, die den geliebten Partner in Erinnerung halten, sie alle sprengen den zeitlichen Rahmen. Wer liebt, achtet nicht auf die Zeit, ist der Zeit enthoben. Er hat Zeit und läßt sich Zeit.

Wenn ich mir Zeit nehme für den anderen, dann bin ich ganz für ihn da, lade ihn ein, höre ihn an, teile seine Sorgen und Nöte, freue mich mit ihm. Ungeteilt gilt ihm dann meine ganze Aufmerksamkeit. Diese „Stunde Zeit" läßt sich nicht in Sekunden und Minuten aufrechnen, sie ist „erfüllte Zeit" – Zeit der Zuwendung, der Liebe, des Vertrauens, der Hoffnung.

Es ist schwer, in der Hektik des Alltags mit seinem Zeitdruck und seinen Zeitkonflikten sich diese „Stunde Zeit" herauszuschlagen. Das gelingt nicht jeden Tag, auch nicht jede Woche. Aber es muß sie hin und wieder geben. Oft stellt sie sich unangemeldet ein: nach einem Fernsehspiel, auf einem sonntäglichen Spaziergang, nach einem erholsamen Mittagsschlaf, beim gemeinsamen Gebet. Wer sich die Zeit nicht nimmt für sich und den Partner, der verkümmert und läßt die Beziehung verkümmern. Bei ihm wird die Uhr zum Richtmaß der Zeit. Eines Tages wird er feststellen, daß die Zeit vertan, die Uhr schon abgelaufen ist, noch bevor das Leben eigentlich begonnen hat.

Erinnerung

du bist zur Tür hereingekommen
hast deine Tasche abgestellt
das Kind hat dich beim Essen gestört
und später beim Zeitunglesen

du wolltest von deinen Dingen erzählen
und ich von meinen
für beides zusammen reichte die Zeit nicht aus

dann bist du schlafen gegangen
und als ich mich neben dich legte
vermischte sich dein Atem mit meinem
das erinnerte mich an Liebe

Renate Fueß

SCHLIESSFÄCHER
VERSPÄTUNGEN
HINWEISE
Das
fortschrittliche
Warenhaus
MERAN
MERAN
Die Bahn
lockt
Das
fortschrittliche
Warenhaus
HERTIE

Die Zeit ist begrenzt

Die Zeit ist begrenzt,
den Menschen in die Augen zu schauen,
den Heuchlern die Wahrheit zu sagen,
mit der Schwermut fertig zu werden,
sich in der Treue zu üben,
sich in der Krise zu bewähren.

Die Zeit ist begrenzt,
Böses mit Gutem zu vergelten,
auf meine Tiefe zu horchen,
meine Freiheit zu nützen,
mich selbst zu ordnen,
zu sehen, zu hören,
zu spüren, zu beten.

Martin Gutl

„Alles hat seine Stunde.

Für jedes Geschehen unter
dem Himmel gibt es eine bestimmte Zeit:
eine Zeit zum Gebären
und eine Zeit zum Sterben,
eine Zeit zum Pflanzen
und eine Zeit zum Abernten der Pflanzen“.

Aus dem Buch Kohelet 3,1–2

brekkies
Katzenstreu

Durch den Tag kommen

Während die Zeitbombe
  tickt
am Himmel, im Bunker,
  im Herzen,
sammelt mein Freund
Liebesgedichte!
Heut ist der Tag,
da wir ihn brauchen,
diesen anderen Zündstoff.

Frank Geerk

unangemeldet bei Freunden vorbeigehen
einen Tanzkurs mitmachen
gemeinsam Sport treiben
einen liebevollen Blick zuwerfen
Dame oder Schach spielen
Schaufensterbummel machen
in einer Eltern- oder Bürgerinitiative mitmachen
ins Kino gehen
ein anerkennendes Wort sagen
einen Abendspaziergang machen
Freunde einladen
essen gehen
sich Zeit zum Gespräch lassen
Theater besuchen
Fernsehen abschalten
seinem Hobby nachgehen
alte Fotos oder Filme ansehen
gemeinsam einen Kochkurs mitmachen
Tagebuch schreiben …

„Das Leben besteht aus vielen kleinen Münzen,
und wer sie aufzuheben weiß, hat ein Vermögen.“

Jean Anouilh

Ihr werdet schon früh genug den ‚grauen Alltag' kennenlernen", prophezeit das erfahrene Ehepaar den Jungverheirateten.

Nicht gerade passende und ermutigende Worte an einem Hochzeitstag. Eigene Ernüchterung und Enttäuschung oder auch Neid auf das junge Glück mögen da im Spiel sein. Aber am Kern der Aussage gibt es wohl nichts zu deuteln. Jede Ehe wird irgendwann – mal früher, mal später – vom Alltag eingeholt. Die „Flitterwochen" gehen zu Ende, die Ehewirklichkeit setzt ein. Zu fragen bleibt allerdings, ob aller Ehetag „grau" sein muß, eintönig und langweilig, voller Routine und Gewöhnung.

Es gibt auch den „bewährten Ehealltag" mit seinen guten Gewohnheiten, festen Bräuchen und klar umgrenzten Aufgabenfeldern. Er bedeutet Halt und gibt im wohlverstandenen Sinne Sicherheit. Die Eheleute wissen umeinander, haben sich „ein-gewohnt", können sich aufeinander verlassen. Da reichen die wenigen Worte, die kleinen Zeichen, Winke und Gesten, die die Hektik des Tages übrigläßt. Dies ist nicht die Zeit tiefgehender Gespräche oder erholsamer Mußestunden – nein, der Alltag findet zu seinem eigenen Rhythmus.

Vieles ist vorgegeben, vieles wiederholt sich, vieles hat sich bewährt und als hilfreich ausgewiesen. Das alles entlastet, bedarf keiner weiteren Überlegung mehr, geht gut von der Hand. Ohne den gradlinigen und unkomplizierten Alltag wäre Ehe wohl kaum lebbar. Zweifellos gibt es Höhen und Tiefen in der Ehe, aber dazwischen muß es die Überschaubarkeit, Ausgeglichenheit und Ruhe der Ebene – eben den „bewährten" Ehealltag – geben. Wie der menschliche Körper bewältigt auch die Ehe nicht so ohne weiteres den ständigen Pendelausschlag zwischen Auf und Ab, zwischen Höhen und Tiefen. Stabilität und Beständigkeit des

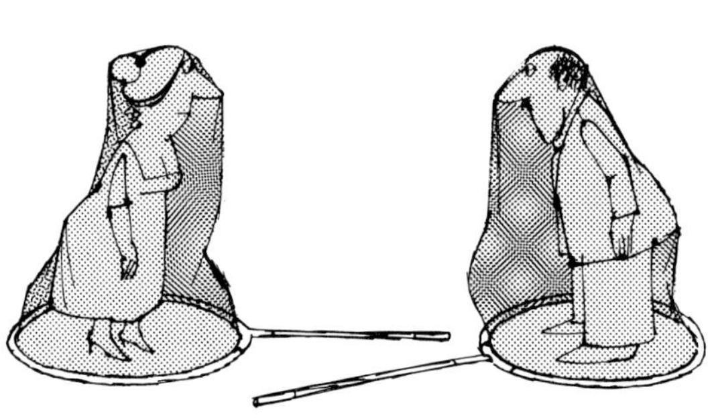

Alltags bewahren die Ehe vor dem drohenden „Kreislaufkollaps".

Alltag allein aber reicht nicht aus. Es besteht die Gefahr, daß er dann wirklich „grau" wird. Routine und Leerlauf schleichen sich ein in den täglichen Lebensrhythmus, aber auch in die Beziehung der Eheleute. Die Liebe kommt abhanden. Es heißt dann nur noch: Durch den Tag, durch die Nacht kommen – und auf die Wiederkehr der Liebe hoffend warten.

Damit es nicht so weit kommt und der Alltag sich nach wie vor bewährt, muß es hin und wieder Höhepunkte geben, die aus dem ehelichen Alltag herausragen: ein verständnisvolles Gespräch, ein gelungenes Fest, das Gefühl tiefer Verbundenheit beim erotischen Spiel (das sich nicht immer und „zwangsläufig" einstellt), spontane Unternehmungen. Sie sind Ermutigungen für den Alltag, „Zündstoff" gegen Langeweile und Routine. Und es muß auch Krisen geben. Sie fallen ebenfalls aus dem Alltag heraus. Sie machen unruhig, fordern zur Besinnung auf, zielen darauf ab, etwas zu verändern, besser zu machen. In Krisensituationen erfahren die Ehepartner, was sie voneinander zu halten haben, was sie einander bedeuten. Bei ehrlichem Bemühen um eine Lösung eröffnet eine Krise auch die Chance zur Umkehr und Weiterentwicklung. Die bewältigte Krise mündet ein in den „versöhnten Alltag".

Zur Ehe gehören Hoch-zeiten und Tief-zeiten. Sie hinterlassen Spuren im Ehealltag. Wer in diesen Spuren geht, wird die vielen unscheinbaren Dinge des Alltags nicht als etwas Alltägliches erleben, sondern als kleine Kostbarkeiten wahrnehmen. „Die vielen kleinen Münzen" (Jean Anouilh) machen das Vermögen aus. Sie – und nicht die „außergewöhnlich" großen Geldscheine – sind das „Wechselgeld" im „bewährten Ehealltag".

Ich bitte dich, Herr, um die große Kraft,
diesen kleinen Tag zu bestehen,
um auf den großen Wegen zu dir
einen kleinen Schritt weiterzugehen.

Ernst Ginsberg

Dagmar Scherf

Durch die Nacht kommen

Aufstehen im Morgendämmergrau,
die Alpträume aus den Augen waschen,
die Schutzhäute überstreifen,
die Tränenfalten überdecken.

Geduld

Frühstück machen,
ein Schwarzbrot, ein Weißbrot
  hinunterwürgen,
Alltagsworte, Eintagssätze mit dir wechseln,
die Nachtangst unterbringen
zwischen den Zeilen der Zeitung.

Geduld haben

In der S-Bahn sitzen
zwischen anderen Nachtschattengesichtern.
Angekommen im Büro
die Augen im Spiegel überprüfen,
Gang und Stimme straffen.

Geduld haben,
warten

Am Schreibtisch hocken,
unter dem Gewicht von Aktenordnern
schwarze Gedanken erdrücken,
die Angst ersticken,
die aus den Blättern quillt.

Geduld haben,
warten auf

Höfliche Dienstgespräche abspulen,
sich selbst dabei zusehen,
bröckelnde Gesichtsfassaden
  zusammenzwingen,
Aufträge erteilen, Sachverhalte klären,
gerufen werden, gefragt werden,
nicht verstanden werden.

Geduld haben,
warten auf die

Die Nacht hereinfallen sehen,
den Schreibtisch aufräumen,
die Rollschränke schließen,
das Anwachsen der Angstkrallen spüren
in der S-Bahn heimwärts.

Geduld haben,
warten auf die
Wiederkehr

Deine mühevollen Augen sehen,
deine hilflosen Umarmungen spüren
und die Leere
zwischen den Abendbrottellern –
Anlauf nehmen, Kraft sammeln,
zurücksinken, neu Atem holen,
um den Abend zu überstehen.

Geduld haben,
warten auf die
Wiederkehr deiner

Durch die Nacht kommen,
den Fall ins Bodenlose überleben,
den schwarzen Blutsaugern
den letzten Tropfen Hoffnung verwehren,
durch die Nacht kommen,
durch die Nacht.

Geduld haben,
warten auf die
Wiederkehr deiner
Liebe.

„Achtet also sorgfältig darauf,
wie ihr euer Leben führt,
nicht töricht,
sondern klug.
Nutzt die Zeit."

Epheser 5, 15–16 a

Nur ein liebes Wort in aller Stille

In einem guten Wort
ist Wärme
für drei Winter.
Ein böses Wort ist
schlimmer
als sechs Monate Frost.

Aus der Mongolei

Du hast uns einen Mund gegeben,
oft aber sind wir stumm.
Du hast uns zwei Ohren gegeben,
oft aber sind wir taub.
Darum bitte ich Dich, Herr:
Tu meinen Mund auf und
gib mir Kraft,
daß ich rede, wie du redest.
Öffne meine Ohren und
gib mir Kraft,
daß ich zuhöre, wie du zuhörst.

Wir reden

Wir reden viel
Wir reden über andere
Wir reden dazwischen
Wir reden aneinander vorbei
Wir reden uns etwas ein
Wir reden uns etwas aus
Wir reden uns auseinander
Wir reden kaum noch

Wir haben uns
totgeredet

„Mein Mann spricht kaum noch mit mir. – Wir finden selten Zeit für ein gutes Gespräch. – Meine Frau redet mit mir nur über die Kinder. – Wir sprechen nur noch das Allernotwendigste ab, zu mehr reicht es nicht mehr.“ So oder ähnlich lauten die (An-)Klagen vieler Eheleute.

Sprachwissenschaftler der USA haben in weitverzweigten Untersuchungen den „Wörterschwund“ der Ehepaare ermittelt. Während der ersten fünf Jahre gebrauchen Mann und Frau rund 18 000 Wörter. Dann sinkt die Zahl stetig, bis sie im zehnten Ehejahr 5000 erreicht. Dabei bleibt es in der Folgezeit.

Diese Kurznotiz aus der Zeitung stimmt nachdenklich. Sie bestätigt die Aussagen der Eheleute und macht damit auf ein Grundproblem vieler Ehen aufmerksam: auf die mangelnde Gesprächsfähigkeit und auf die allmählich nachlassende Gesprächsbereitschaft der Eheleute. Dagegen steht die Forderung, daß Mann und Frau miteinander im Gespräch bleiben müssen, wenn ihre Ehe gelingen soll. Eheleute leiden nicht selten unter diesem spannungsreichen Widerspruch von „Soll“ und „Ist“, von Anspruch und Wirklichkeit. Sie spüren die Kluft, die sich vor ihnen auftut und die manchmal kaum mehr überbrückbar zu sein scheint.

Das Gespräch ist unbestritten wichtig, ja lebenserhaltend für die eheliche Beziehung. Eheleute müssen sich Freude und Glück mitteilen, Sorgen und Nöte aussprechen, Konflikte miteinander austragen, sich gegenseitig trösten und einander Mut zusprechen. Dazu brauchen sie Zeit und Muße. Sich beides zu nehmen, gelingt nicht jeden Tag. Zeit und Muße sind etwas Außergewöhnliches, etwas Kostbares, etwas Nicht-Alltägliches. So ist auch das „gute Gespräch“ etwas, was aus dem Alltag herausragt. Es gelingt nicht jederzeit und ist selbst bei bestem Willen nicht „einfach“ machbar. Das „gute Gespräch“ ist einer der kostbaren Höhepunkte, die einer Ehe über die „Sprachlosigkeit des Alltags“ hinweghelfen. Es füllt eine Ehe wieder auf, die in der alltäglichen Routine leer zu werden droht.

Die Ehe lebt aber nicht allein von den Höhepunkten, sondern vielmehr von den klei-

---

Gott hat uns zwei Ohren
und einen Mund
gegeben,
damit wir mehr zuhören
und weniger reden.

Aus Afrika

---

nen Zeichen im täglichen Umgang miteinander. Ein liebevoller Gruß, ein ermunterndes Wort, eine zärtliche Geste, ein zustimmender Blick, eine tröstende Umarmung, ein freundlicher „Klaps“ sind wie kleine Steinchen, die zusammen ein kostbares Mosaik ergeben. Wachsende Vertrautheit macht manches Wort überflüssig. Eheleute teilen sich vieles mit, ohne miteinander sprechen zu müssen. Eindrücke, Empfindungen und Stimmungen lassen sich meist gar nicht in Worte kleiden. Da sind Blicke und Gesten vielsagender und vielversprechender. In der Liebe gibt es nicht nur eine „Wortsprache“, sondern auch eine „Körpersprache“. Eheleute können aneinander vorbeireden, ja sogar sich „auseinander“ reden. Da ist es gut, sich wieder „zusammen“ zu schweigen.

Das vertrauensvolle Gespräch, die ernsthafte Auseinandersetzung, die offene Äußerung von Wünschen und Bedürfnissen sollen dadurch in ihrem Wert nicht gemindert werden. Sie sind in einer Ehe unbedingt erforderlich. Wer sie vernachlässigt, gefährdet die Beziehung zum Partner. Aber zwischen den Höhepunkten einer Ehe – den „guten Gesprächen“ – bleibt oft nur Zeit für kleine Zeichen. „Die Liebe lebt von den liebenswürdigen Kleinigkeiten“, schreibt Theodor Fontane.

Junge Frau

Warum weinst du?
Warum schweigst du?
Meine junge Frau, was brauchst du?
was braucht meine junge Frau?

Hast du Brot und Salz nicht
reichlich?
Oder wer hat dich beleidigt?
was braucht meine junge Frau?

Brot und Salz hab ich in Fülle
Nur ein liebes Wort in aller Stille
das braucht deine junge Frau.

Aus dem Russischen von Wolf Biermann

*„Kummer im Herzen bedrückt den Menschen,
ein gutes Wort aber heitert ihn auf."*

Sprüche 12,25

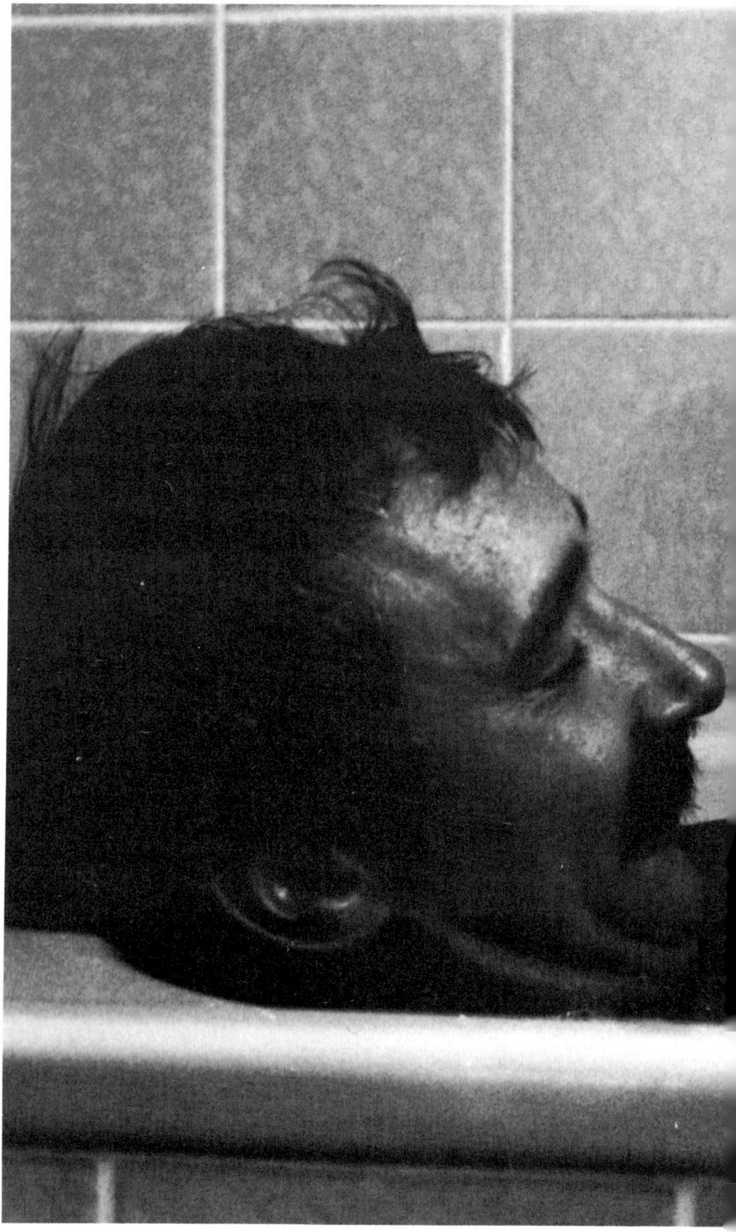

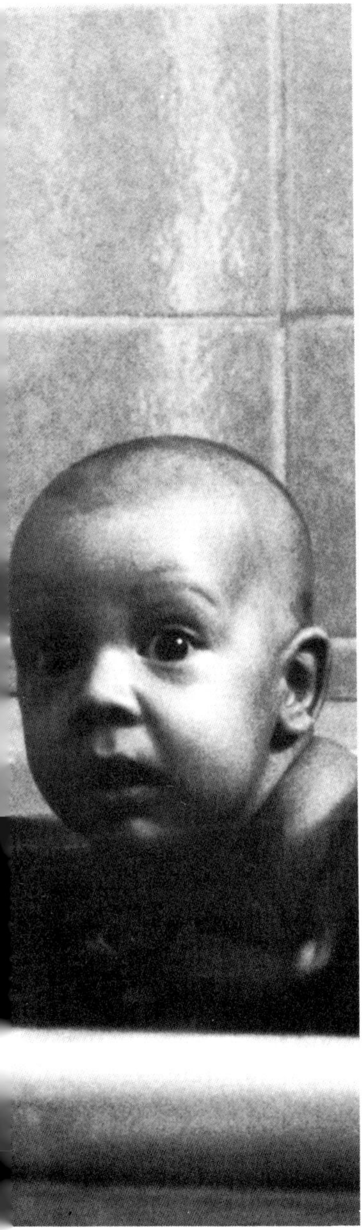

Kinder machen Menschen

die taube fliegt aus
holt vertrauen ein
die erde wird wieder
bewohnbar
der zweig des ölbaums
verspricht neues leben

Helmut Schmale

Kindermund

Das Wichtigste an der Familie ist Vater, weil er sehr groß ist und Mutter hochwerfen kann. Das Zweitwichtigste ist Mutter, sonst hätten wir nichts zu essen. Das Drittwichtigste bin ich, sonst wüßten die zwei gar nicht, für wen sie sorgen sollten.
Altmut, 8 Jahre

Eine Familie ist intim. Wenn ich beim Essen aufstoße, sagt keiner was, obwohl das nicht fein ist. Es bleibt ja in der Familie.
Ramona, 8 Jahre

Geschwister sind gut, weil sie untereinander verwandt sind. Sie stammen ja von denselben Leuten ab. Sie kennen sich sehr genau und können sich gegenseitig nichts vormachen.
Effi, 9 Jahre

In einer Familie geht das Familienleben hin und her, bis die Kinder groß sind und ausziehen. Dann ist endlich Ruhe.
Michael, 9 Jahre

Es gibt große und kleine Familien. Die großen Familien sind sehr laut, weil die vielen Kinder soviel Krach machen. Die kleinen Familien sind totenstill, weil keiner was sagt. Ich bin leider in einer kleinen Familie. Bei uns wird alles geplant. So hat mein Vater auch die kleine Familie ganz genau geplant, so daß ich allein übriggeblieben bin.
Klaus-Jürgen, 10 Jahre

Am schönsten sind die Kissenschlachten mit meinem Bruder. Wenn er nicht da wäre, könnte ich die Kissen nur gegen die leere Wand werfen.
Jörg, 12 Jahre

Unser Peter spielt Cello, ich Querflöte, mein Vater Klavier. Ohne Geschwister wären wir musikalisch aufgeschmissen.
Nadja, 13 Jahre

Meine Schwester hilft mir, ohne was dabei zu sagen. Sie sieht sofort, wo es brennt. Außer den Eltern tun das doch nur Geschwister, vielleicht später noch die Ehefrau, aber das weiß man nie genau.
Rolf, 15 Jahre

Wenn wir erst die Raten für die Wohnungseinrichtung und das Auto abbezahlt haben, schaffen wir uns auch Kinder an", sagen übereinstimmend die junge Ehefrau und der junge Ehemann. Wie verräterisch unsere Sprache doch sein kann! Denn nun werden Kinder schon hochgerechnet: welche Einnahmen entfallen, welche Ausgaben stehen an, was kommt an Beihilfen und steuerlichen Vergünstigungen wieder herein? Unterm Strich die Frage: Können wir uns Kinder „leisten"?

Innerhalb eines Jahrzehntes hat sich die Zahl der Geburten in Deutschland fast halbiert. Die fraglose Selbstverständlichkeit, mit der vergangene Generationen ihre Kinder bekamen, gibt es nicht mehr. Eheleute entscheiden sich heute für oder gegen Kinder. Persönliche Erfahrungen in der eigenen Lebensgeschichte und gesellschaftliche Bedingungen und Widerstände spielen da hinein, nicht zuletzt auch Sorge und Angst um die eigene Zukunft und um die Zukunft der Menschheit schlechthin. Es mag für das einzelne Ehepaar durchaus berechtigte und verantwortbare Gründe geben, nach ehrlichem und gewissenhaftem Abwägen aller anstehenden Fragen und Probleme auf Kinder zu verzichten.

Wer sich für Kinder ent-

schließt, braucht einen langen Atem. Unsere Zeit denkt und handelt kurzfristig, fordert den mobilen und dynamischen Menschen, sieht Reichtum allein in materiellen Gütern. Kinder aber binden langfristig, manchmal ein ganzes Leben. Sie schränken ein, legen fest. Liebgewonnene Gewohnheiten müssen aufgegeben werden; auf vieles, was bisher selbstverständlich war, gilt es zu verzichten. Kinder sind heute mehr oder weniger eine finanzielle Belastung. Sie „bringen nichts ein", stellen eher Ansprüche. Sie können „auf die Nerven gehen", zur Last fallen, unglücklich machen – und das in einer Zeit, die Belastungen, Sorgen und Leid scheut.

In der Schule wird über Reichtum gesprochen. Wie das ist, wenn man reich ist, woran man Reichtum erkennen kann. Da meldet sich ein kleiner Junge und sagt: „Wir sind reich. Meine Mutter sagt immer, wir sind kinderreich." Wie recht der Junge und seine Mutter haben. Auch wenn das Wort „Kinderreichtum" heute eher abfällig gemeint ist, in seiner Aussage bleibt es nach wie vor gültig: Kinder machen reich. Ohne Kinder wären wir um vieles ärmer. *„Wer Geld, aber keine Kinder hat, ist nicht wirklich reich; wer Kinder, aber kein Geld hat, ist nicht wirklich arm"*, sagen die Chinesen.

Kinder bereichern das Leben. Sie machen es farbiger, abwechslungsreicher und auch abenteuerlicher. Sie stellen so manches an, sind oft unberechenbar, gehen völlig unbekümmert ihren Weg. Kinder machen aber nicht nur Geschichten, sie machen auch Geschichte. Die Welt geht weiter, die Menschen haben Zukunft, weil es Kinder gibt. Mit jedem Kind kommt neue Hoffnung in unsere Lebenswelt.

„Kinder machen Menschen", heißt der Spruch eines afrikanischen Stammes. Von den Kindern können wir lernen, was es bedeutet, menschlich zu leben. Was wir Erwachsene weitgehend verlernt haben, leben uns Kinder fast täglich vor: Sie können noch unbekümmert lachen, sich beschenken lassen, vertrauensvoll auf andere zugehen, Freude am Spiel haben, sich über unscheinbare Dinge wundern, sorglos im Heute leben, die eigene Meinung geradeheraus sagen, sich über unangenehme Erlebnisse hinwegsetzen, sich spontan freuen und bedanken. Bei Kindern können wir entdecken, was „Lebensqualität" in der Praxis meint. Kinder mahnen uns, Mensch zu bleiben; sie helfen uns, bessere Menschen zu werden. Sie machen uns reich. Kaum sind sie geboren, beschenken sie uns schon.

Guten Tag", sagte der kleine Prinz. „Guten Tag", sagte der Weichensteller. „Was machst du da?" „Ich sortiere die Reisenden nach Tausenderpaketen. Ich schicke die Züge, die sie fortbringen, bald nach rechts, bald nach links." Und ein lichterfunkelnder Schnellzug, grollend wie der Donner, machte das Weichenstellerhäuschen erzittern. „Sie haben es sehr eilig. Wohin wollen sie?" „Der Mann von der Lokomotive weiß es selbst nicht."

Und ein zweiter Schnellzug donnerte vorbei, in entgegengesetzter Richtung. „Sie kommen schon zurück?" „Das sind nicht die gleichen. Das wechselt." „Waren sie nicht zufrieden dort, wo sie waren?" „Man ist nie zufrieden dort, wo man ist." Und es rollte der Donner eines dritten funkelnden Schnellzuges vorbei. „Verfolgen diese die ersten Reisenden?" „Sie verfolgen gar nichts. Sie schlafen da drinnen, oder sie gähnen auch. Nur die Kinder drücken ihre Nasen gegen die Fensterscheiben." „Nur die Kinder wissen, wohin sie wollen", sagte der kleine Prinz.

Antoine de Saint-Exupéry

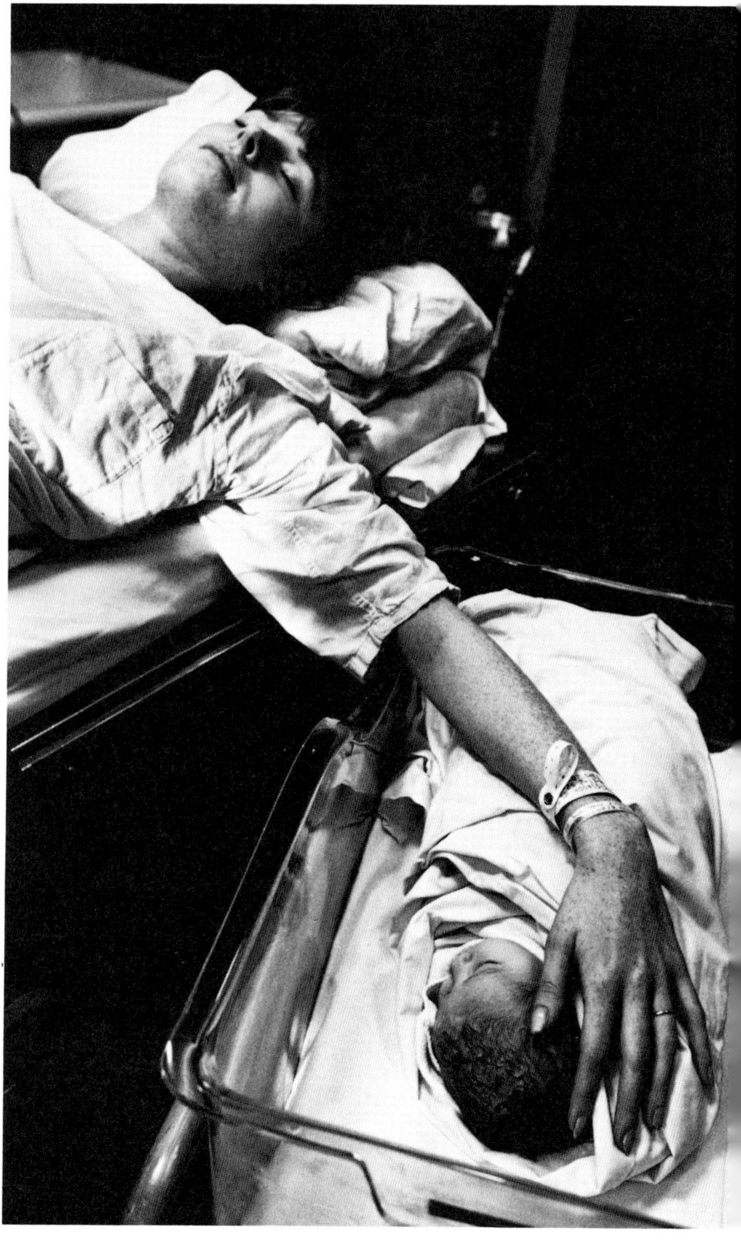

Gott hat es mir geschenkt,
daß ich mit ihm spiele.
Gott hat es mir geschenkt,
daß ich es am Rücken trage.
Gott hat es mir geschenkt,
daß ich mit ihm spiele.

Trüg ich auch Gold auf
meinem Rücken,
wahrhaftig, ich trüge nichts!
Kleidete ich mich auch
mit teuren Stoffen,
wahrhaftig, mein Gewand
wäre nichtig!
Schmückte ich mich auch mit
kostbaren Perlen,
wahrhaftig, mein Schmuck
wäre fahl!

Gott hat es mir geschenkt,
daß ich mit ihm spiele.
Das, ja das,
ist meine Herrlichkeit!
Gott hat es mir geschenkt,
daß ich mit ihm spiele.

Wiegenlied aus Afrika

*„Wer so klein sein kann wie dieses Kind,
der ist im Himmelreich der Größte.
Und wer ein solches Kind
um meinetwillen aufnimmt,
der nimmt mich auf.“*

Matthäus 18, 4–5

Ein Liebesgedicht

sind uns
fremd geworden
können uns
endlich kennenlernen

Astrid Tümpel

Du bist nicht mehr der …

Ent - täuschung

Träume	
Ideale	
Wunschbilder	
Utopien	
romantische Erwartungen	
Hoffnungen	
Sehnsüchte	
Phantasien	
Illusionen	
Stimmungen	
Schwärmereien	
Leidenschaften	Ehe-
Luftschlösser	wirklichkeit

„Ehen werden im Himmel geschlossen, aber auf Erden gelebt."

altes Sprichwort

Du bist nicht mehr der", sagt die enttäuschte Ehefrau, „den ich einmal geheiratet habe." Sie fühlt sich getäuscht, in ihren Erwartungen betrogen. Die Ehe hat nicht das gebracht, was sie sich insgeheim erhofft hatte.

Eine solche Enttäuschung kann nicht allein dem Partner angelastet werden. Sie geht vielmehr zurück auf illusionäre Erwartungen und romantische Vorstellungen von der Ehe. Im Stadium des Verliebtseins werden Luftschlösser errichtet und Idealbilder projiziert. Wie ich den anderen wahrnehme, hängt entscheidend von meinem „Bild" ab, das ich mir vom zukünftigen Partner zurechtgelegt habe. Auf dieses Wunschbild hin wähle ich ihn aus. Der Blick jedoch ist getrübt: der andere wird nicht so gesehen, wie er in seiner Andersartigkeit wirklich ist oder wirklich sein möchte. Die eigene Erwartenshaltung hat Vorrang vor der Wirklichkeit. Was nicht ins „Bild" paßt, wird übersehen, für nebensächlich gehalten oder als „in der Ehe korrigierbar" abgetan. Der andere wird als Teil des eigenen Ichs erlebt, gewissermaßen in Besitz genommen, seiner Freiheit beraubt.

Die Ehewirklichkeit muß später zwangsläufig Enttäuschungen hervorrufen. Sie deckt auf, was Träume und Schwärmereien bisher zugedeckt haben. **Ent-täuschung** bedeutet im letzten **Freiwerden von Täuschung und Illusion** Das mag zunächst als etwas Bedrohliches, vielleicht sogar als etwas Zerstörerisches erfahren werden. In der Tat zerbrechen liebgewonnene Vorstellungen und eigensüchtige Erwartungen. Aus den „Trümmern" aber kann neues Leben erwachsen. Die Phase der „Enttäuschung" ist ein harter und oft schmerzlicher, aber auch ein guter und zuverlässiger Weg zur Wirklichkeit dieser Beziehung. Die Partner können sich eigentlich erst jetzt richtig entdecken und einander schätzen und lieben lernen. Sie brauchen keine Angst mehr zu haben, den anderen zu verlieren, wenn sie nicht mehr seinem „Bild" entsprechen. Die Partner werden sich fremd und lernen sich dennoch kennen. Erstmalig nehmen sie ihre jeweilige Andersartigkeit und Eigenart wahr; sie sind nun fähig und bereit, den anderen um seiner selbst willen zu bejahen und anzunehmen. Eine solchermaßen mündig gewordene Liebe erwartet keinen sorgenfreien und leidlosen Zustand in der Ehe; sie rechnet mit Wandlungsprozessen der Partner und hält Krisen und Problemen stand.

Die Phase der „Ent-täuschung" ist meist schwierig und krisenanfällig. Je „idealisierter" der Partner und die

Ehe einst gesehen wurden, desto langwieriger und schmerzlicher vollzieht sich die Annäherung an die Wirklichkeit. Die Erfahrung zeigt, daß manche Ehen bereits nach wenigen Jahren an dieser Anforderung zerbrechen. Wird eine Ehe jedoch „aufgekündigt“, sobald sich erste Anpassungsschwierigkeiten anmelden, ist damit gleichsam die Verweigerung eines notwendigen Lernvorganges verbunden. Der Prozeß der „Ent-täuschung“ setzt dann keine oft ungeahnten Kräfte frei, um die eheliche Beziehung zu überdenken und neu zu gestalten. Er löst dann eher Verbitterung oder Resignation aus und endet in gegenseitiger Schuldzuweisung. Die Liebe erhält keine Möglichkeit der Bewährung und Reifung. „Es kommt ja gerade darauf an, wie Enttäuschungen, die unausweichlich sind, angenommen und verarbeitet werden. Das Ende romantischer Erwartungen und irrealer Traumvorstellung ist nicht das Ende der Liebe, sondern ihre Chance: jetzt erst können sich Menschen in ihrer Wahrheit ansichtig werden und sich annehmen, wie sie wirklich sind.“ (O. Betz)

ALI …

Eine Liebesgeschichte

„Ali, wie der Name schon sagt, war ein Araber, ein junger Schafhirt am oberen Euphrat, und es kam die Zeit, da er sich beweiben wollte. Aber Ali war arm. Ein anständiges Mädchen kostete in jener Gegend damals 15 Pfund, viel Geld für einen Schafhirten. Ali hatte einfach nur 10 Pfund. Als er hörte, im Süden seien die Bräute billiger, zögerte er nicht lange, nahm seinen Esel, füllte die Schläuche mit Wasser und ritt gen Süden, viele Wochen lang. Es war einfach Zeit, daß er sich beweiben sollte, er war jung und gesund. So ritt er voller Hoffnung, 10 Pfund in der Tasche, am Euphrat hinunter, wie gesagt, viele Wochen lang, indem er sich von Datteln nährte. Als Ali endlich in die gelobte Gegend kam, fehlte es nicht an Töchtern, die ihm gefielen, nicht an Vätern, die verkaufen wollten; aber auch im Süden hatten die Bräute unterdessen aufgeschlagen, und für 10 Pfund war nicht zu heiraten, nicht einmal ein häßliches Mädchen. 12 Pfund war der Tageskurs, 11 Pfund eine einmalige Chance. Ali handelte tagelang, jedoch erfolglos, 10 Pfund war kein Angebot, sondern eine Beleidigung.

Und als Ali erkannte, daß nichts zu bestellen war, nahm er wieder seinen Esel, füllte die Schläuche mit Wasser und ritt gegen Norden, zu Tode betrübt mit seinen 10 Pfund in der Tasche, denn er hatte nichts davon verbraucht, als glaubte er noch immer an ein Wunder. Und natürlich blieb das Wunder nicht aus, das Ali verdiente, wenn er es erkannte. Es war halbwegs zwischen Süd und Nord, als Ali an einem Brunnen, wo er seinen Esel und sich selbst labte, ein Mädchen erblickte, wie er noch keines gesehen hatte, schöner als alle, die er für seine 10 Pfund nicht hatte bekommen können – ein blindes Mädchen. Das war schade. Das Mädchen war nicht nur schöner als alle anderen, sondern auch lieber. Da es blind war und in keinem Brunnen je gesehen hatte, wie schön es war, und als Ali es ihr sagte, wie schön sie sei, mit allen Worten, die einem arabischen Schafhirten geläufig sind, liebte sie ihn auf der Stelle und bat ihren Vater, daß er sie an Ali verkaufte. Sie war billig, ihrer Blindheit wegen wollte der Vater sie los sein, erschrekkend billig: 6 Pfund. Denn keiner am ganzen Euphrat wollte eine blinde Braut. Aber Ali nahm sie, setzte sie auf seinen gelabten Esel und nannte sie Alil, während er selber zu Fuß ging.

In den Dörfern, wo immer Ali mit seiner Alil erschien, trauten die Leute ihren eigenen Augen nicht, niemand hatte je ein schöneres Mädchen gesehen oder auch nur geträumt; nur war es leider blind. Aber Ali hatte noch 4 Pfund in der Tasche, und als er nach

Herr,
wir wollen dir heute ein Feuerchen machen,
einen kleinen Scheiterhaufen,
und unsere Luftschlösser darin verbrennen.
Aus den Scheitern wirst du das Ächzen hören
und das Stöhnen sterbender Träume.
Aber im Rauch haben wir dir ein Loblied versteckt.

Hans Staiger

Hause kam, führte er sie zu einem Wunderarzt und sagte: „Hier sind 4 Pfund, jetzt mach, daß Alil ihren Ali sieht".

Als es dem Wunderarzt gelungen war und Alil sah, daß ihr Ali, verglichen mit den anderen Schafhirten ringsum, gar nicht schön war, liebte sie ihn trotzdem, denn er hatte ihr alle Farben dieser Welt geschenkt durch seine Liebe, und sie war glücklich, und er war glücklich, und Ali und Alil wurden das glücklichste Paar am Rande der Wüste ...

Das Märchen dauerte ein Jahr, da war es aus; der Umgang mit Alil hatte Ali angesteckt, so daß Ali langsam aber sicher erblindete, und es kam eine böse Zeit, denn kaum war Ali erblindet, konnte er nicht mehr glauben, daß sie ihn liebte, und jedesmal, wenn Alil aus dem Zelt ging, wurde er eifersüchtig. Es nützte nichts, daß sie ihm schwor. Vielleicht ging sie wirklich zu den anderen Schafhirten, das weiß man nicht. Ali konnte es ja nicht sehen, und da er solche Ungewißheit nicht aushielt, begann er sie zu schlagen. Das war schlimm. Sonst rührte er seine Alil nicht mehr an. So ging es lange Zeit, bis Ali sich rächte, indem er ein anderes Mädchen umarmte, das öfter und öfter in sein Zelt schlich. Aber auch das machte ihn nicht gesund. Im Gegenteil, es wurde immer schlimmer. Wenn er wußte, daß es seine Alil war, die jetzt in seinem Zelt lag, schlug er sie, und sie weinte, daß man es draußen hören konnte, und Ali und Alil waren das unglücklichste Paar am Rande der Wüste. Das war bekannt.

Als der Wunderdoktor davon hörte, erbarmte es ihn und er kam, um Ali zu heilen, obschon dieser kein einziges Pfund mehr zahlen konnte. Ali konnte wieder sehen, aber er sagte es seiner Alil nicht, daß er wieder sehen konnte, denn er wollte ihr nachschleichen, und das tat er auch. Aber was sah er?

Er sah Alil, wie sie weinte, da er sie im Zelt geschlagen hatte, und er sah, wie sie ihr Gesicht wusch, um in sein Zelt zu schleichen als das andere Mädchen, damit der blinde Ali sie umarme".

Ein orientalisches Märchen

„Auch wenn die Berge von ihrem Platz weichen
und die Hügel zu schwanken beginnen –
meine Huld wird nie von dir weichen
und der Bund meines Friedens nicht wanken,
spricht der Herr, der Erbarmen hat mit dir."

Jesaja 54, 10

Zärtlich sein – mit allen Sinnen lieben

„Darum verläßt der Mann Vater und Mutter
und bindet sich an seine Frau,
und sie werden *ein* Fleisch.
Beide, Adam und seine Frau, waren nackt,
aber sie schämten sich nicht voreinander."

Genesis 2, 24–25

Meine Frau will sich nicht mehr von mir berühren lassen. Sobald ich mich nähere, weicht sie zurück. Sie meint, aus dem Alter wären wir doch heraus," berichtet resignierend der ältere Ehemann.

„Mein Mann will immer sofort zum Höhepunkt kommen. Kein Streicheln, kein Liebkosen, keine Zärtlichkeit", klagt die junge Frau.

Hinter beiden Aussagen verbirgt sich ein Hunger nach Nähe, Wärme, Leiberfahrung, Zärtlichkeit. Menschen, die sich lieben, wollen ihrer Liebe Ausdruck geben. Nicht nur in Worten, sondern mit all ihren Sinnen. Sinnlichkeit, das bedeutet, den anderen mit seinen Sinnen erfassen, ihn hören, sehen, riechen schmecken, streicheln, berühren, tastend greifen – ihn be-greifen, ihn umfassend verstehen. Sinnlichkeit meint Vertrautwerden und Vertrautsein mit dem ganzen Menschen – mit Kopf und Herz, mit Verstand und Gemüt, mit Leib und Seele.

Schon in den Schöpfungsberichten des Alten Testamentes, dem Buch Genesis, wird auf diese ganzheitliche Sicht des Menschen angespielt, wenn es dort heißt: „Adam **erkannte** Eva, seine Frau; sie wurde schwanger und gebar Kain." (Gen. 4,1) Die sexuelle Begegnung zwischen Mann und Frau wird mit dem Wort „erkennen" umschrieben. „Erkennen" bleibt nicht beim episodenhaften, oberflächlichen Erleben stehen, es greift tiefer und führt zum „Inne-werden" des Partners, zum Eins-werden

Schuldschein

Ich kann meine Träume nicht
fristlos entlassen.

Ich schulde ihnen noch
mein Leben.

Frederike Frei

mit ihm. Sexualität drückt sich hier aus als umfassender Wunsch nach Erkenntnis, Anerkennung, Achtung, Annahme, Liebe.

Dieser Wunsch begleitet den Menschen sein Leben lang, vom ersten bis zum letzten Atemzug. Ein ganzes Leben ist nötig, um einen anderen Menschen zu erkunden, zu entdecken, zu „erkennen". Der Mensch bedarf des zärtlichen Austausches und der liebevollen Liebkosungen bis zu seinem Tode. Junge Paare, denen zum Thema „Partnerschaft" mehre Fotos zur Auswahl vorgelegt wurden, griffen wiederholt das Bild eines alten Paares heraus. Sich an der Hand haltend und liebevoll und besorgt einander anschauend, geht es im Park auf und ab. Die wohlmeinende und fürsorgliche Zärtlichkeit, die die beiden alten Leute umgibt, hatte sie tief beeindruckt und sie in ihrer Hoffnung nach dauerhafter Liebe und verläßlicher Treue bestätigt. Sexualität, so die Aussage des Bildes, bedeutet auch dem älterwerdenden Menschen Zuneigung, Geborgenheit, Schutz und Trost. Wird ihm das im Alter vorenthalten, geht ihm Lebenswichtiges verloren, sieht er sich in seinen Hoffnungen und Sehnsüchten enttäuscht.

Zärtlichkeiten und Liebkosungen sind „Liebessignale". In zärtlichen Gesten, Blicken, Haut- und Leiberfahrungen, aber auch in Liebesbriefen und Liebesgedichten, in Bildern und Liedern wird die Liebe sichtbar, hörbar, greifbar, er-

zärtlich sein

küssen anfassen sich freuen umarmen
liebkosen strahlen riechen aufmerksam sein
schmecken tasten flirten lachen trösten
berühren zuwenden verführen anschauen
sich lieben streicheln entdecken schlafen
umschmeicheln erröten sich verschenken

leb-bar. Zärtlichkeit drückt das aus, was zwischen zwei Menschen lebendig ist. Sie ist schöpferisches Spiel um die Liebe und mit der Liebe.

Viele Eheleute vergessen mit der Zeit, was sie vor der Ehe und in den ersten Jahren ihrer Ehe so gut verstanden haben: sich füreinander „schön" machen, umeinander werben, einander betören, füreinander anziehend bleiben. Sie sind sich des Partners „sicher" und meinen, sich nicht mehr um ihn bemühen zu müssen. Die Achtsamkeit füreinander läßt nach; Sexualität wird eher zur „ehelichen Pflicht", als daß sie Lust bedeutet. Zärtlichkeiten aber lassen sich nicht in die „Pflicht nehmen", sie lassen sich auch nicht dem anderen aufdrängen. Je vertrauter sich Menschen sind, desto empfindsamer und verletzlicher werden sie füreinander.

Zärtlich sein muß immer wieder neu „erlernt" werden. Im Rückblick auf die langen Jahre ihrer Ehe werden Eheleute wohl bestätigen können, daß ihre intimen Beziehungen, ihr Bedürfnis nach Zärtlichkeit und der zärtlich-leibliche Umgang miteinander sich gewandelt haben. Unterschiedliche Lebenssituationen, die Vielfalt gemeinsamer Erfahrungen und Erlebnisse und nicht zuletzt das Lebensalter verlangen ihre je eigene „Körpersprache". Wenn Eheleute auch nach vielen Jahren ihrer Ehe noch die „richtige Sprache" der Zärtlichkeit und Liebkosung sprechen wollen, bedarf es eines aufmerksamen, warmherzigen und einfühlsamen Interesses füreinander. Wie der Mensch nicht ohne Sprache, so kann er auch nicht ohne Zärtlichkeit und ohne Leiberfahrungen leben.

„Ein Mann sagt zur Frau: ‚Ist denn Sexualität für dich so wichtig?' Und die Frau antwortet: ‚Worte allein begütigen mich nicht genug.'" (Peter Handke) Sexualität will Liebende begütigen und befriedigen, besänftigen und „beseligen". Darin liegt der Sinn der Zärtlichkeit.

Für zwei Liebende

Schenk ihnen Lust, Gott,
sich zu begehren,
das Glück der Hände
und Lippen,
den Rausch der Haut,
den Schrei der
Entrückung,
die Ewigsekunde des
Außersichseins
und den Seufzer zuletzt,
weil auch der Kuß,
weil alles Irdische endet.

Rudolf Otto Wiemer

Dagmar Scherf-Deskau

Gedanken einer Vierzigjährigen in der S-Bahn

Wie die versunken sind
ineinander –
den alten Mann dort am Fenster
sehen sie gar nicht.
Und mich?
Ein kurzer, fragender Blick,
dann legt er
(achtzehn vielleicht, höchstens zwanzig)
den Arm noch fester um sie
(siebzehn? Älter kaum) –
Warum tut das so weh?

Es war einmal – ist es das?
Wende den Blick nicht ab,
in zehn Minuten bist du zu Hause.
Vielleicht kannst du ihm
tiefer in die Augen sehen
als sonst bei der Begrüßung.
Aber wie ist das mit fünfzig,
sechzig,
siebzig?
Muß das denn enden,
Und: Warum?

„Leg mich wie ein Siegel auf dein Herz,
wie ein Siegel an deinen Arm!
Stark wie der Tod ist die Liebe,
die Leidenschaft ist hart wie die Unterwelt.
Ihre Gluten sind Feuergluten, gewaltige Flammen.
Auch mächtige Wasser können die Liebe nicht löschen;
auch Ströme schwemmen sie nicht weg."

Das Hohelied, 8,6–7a

Einander das Glück erschließen

„Glück. Versöhnlichkeit. Behutsamkeit.
Wenn zwei Leute, die verheiratet sind,
mit den Jahren lernen,
aus dem, was sie,
als verliebte Planlosigkeit,
zusammengebracht hat,
etwas so Behutsames,
Verwandtschaftliches zu machen:
eine große Sache, gnädiges Glück."

Gabriele Wohmann

Jeder ist seines Glückes Schmied", sagen wir. Als wenn Glück machbar wäre. Als wenn wir bloß das Feuer schüren und das Eisen schmieden müßten. Glück kommt nicht einfach so daher, fällt uns nicht „zu-fällig" in den Schoß. Wir müssen es suchen, entdecken, anstiften. Aber wir können noch so angestrengt Ausschau halten und es noch so beherzt beim Schopfe fassen: letztendlich ist Glück immer Geschenk. Etwas, was ich geschenkt bekomme; etwas, was ich verschenke. Zu Recht sagen wir vom unverhofften Glück, daß es ein „Geschenk des Himmels" sei.

Wir Menschen streben nach Glück, hoffen auf das „große Glück", wollen bisweilen sogar das Glück erzwingen. Unser Hunger nach Glück ist unersättlich. Wir setzen auf das Glück, spielen um das Glück, wollen das Glück erkaufen. Wir suchen in Horoskopen unsere Glücksstunden, schenken uns Glücksbringer, rühren die Glückstrommel. Die Werbung verspricht den „glücklichen Menschen". Glück, das heißt Reichtum, Besitz, Vergnügen. Das Quentchen „Mehr" im „Haben-wollen".

Auf der Suche nach dem „großen Glück" übersehen oder mißachten wir die Spuren zum „kleinen Glück". Gleichgültigkeit und Oberflächlichkeit, Ahnungslosigkeit und Unachtsamkeit verschließen uns den Zugang zu wirklichen Glückserfahrungen. Zwar können wir nicht über das Glück verfügen – könnten wir es, gäbe es nicht mehr die menschliche Sehnsucht nach Glück –, aber wir besitzen doch manchen „Schlüssel zum Glück". Wenn wir uns nur selbst „aufschließen" oder von anderen „aufschließen" lassen, dann begegnen wir dem leisen Glück in vielfältiger Weise. Eheleute wissen um das „kleine Glück" des liebevollen Blickes, der zärtlichen Umarmung, des tröstenden Wortes, der versöhnenden Geste. Dieses Glück liegt fernab aller materiellen Güter und aller meßbaren Werte. Vielleicht ist es deshalb so schwer zu finden.

Das Glück erschließen – mit dem „Schlüssel zum Glück" – bedeutet mehr „Aufgeschlossenheit", mehr Aufmerksamkeit, mehr Einfühlsamkeit, mehr Hilfsbereitschaft gegenüber den Mitmenschen und mehr Fantasie im Umgang mit den leisen Impulsen des Alltags. Wenn wir gutes Essen genießen, die Zärtlichkeit des Partners spüren, ein Fest miteinander feiern, uns von einem Buch fesseln lassen, neue Orientierung beim Gespräch erfahren, uns der spontanen Zuwendung der Kinder erfreuen, dann empfinden wir „unbeschreibbares" Glück. Und dennoch drängt es uns, anderen unser Glück mitzuteilen, sie an unserem Glück teilhaben zu lassen, auch sie glücklich zu machen. Geteiltes Glück bringt doppelte Freude!

Das Glück – selbst das Glück einer Ehe – ist keine Privatsache. Wer es für sich allein behalten will, wird es schon bald verlieren. Wer nicht auch andere glücklich machen will, wird glücklos enden. Vielleicht hat Gabriele Wohmann den „Hauptschlüssel zum Glück“ gefunden, wenn sie in ihrem Buch „Schönes Gehege“ schreibt: „Ich habe wirklich vor, ständig an der Ermöglichung von irgend etwas Gutem, Richtigem, Schönem zu arbeiten, an diesen winzigen Anstiftungen zum Glück.“

Die Glücklichen

In einem fernen Land lebte ein König, der sehr krank und darüber todunglücklich geworden war. Er befahl seinen Kindern, sie sollten in der ganzen Welt nach einem glücklichen Paar suchen, und wenn sie es gefunden hätten, dann sollten sie um ein Hemd bitten, damit sie es ihm bringen und er wieder gesund würde. Die Kinder machten sich auf den Weg und suchten überall, aber sie fanden kein glückliches Paar. Traurig machten sie kehrt. Da plötzlich sahen sie in der Ferne ein Licht. Sogleich brachen sie auf und gingen auf das Licht zu, aber sie wurden von der Nacht überrascht. Als sie näher zum Licht kamen, fanden sie einen Mann und eine Frau vor, die ganz allein vor ihrem Haus saßen. Sie setzten sich leise hin und lauschten in die Stille. Augenblicklich hörten sie, wie die Frau zu ihrem Mann sagte: „Gott sei Dank. Schön haben wir auch diesen Tag verbracht. Gott sei Dank. Wie glücklich wir sind.“ „Wenn ihr so glücklich seid, dann gebt uns ein Hemd mit, damit wir es unserem Vater bringen und er wieder gesund wird.“ Das sagten sie zu ihnen. Der Mann aber antwortete ruhig: „Wir haben keines.“

Nach einer griechischen Erzählung

Herr,
schenke mir Sinn für Humor.
Gib mir die Gnade,
einen Scherz zu verstehen,
damit ich ein wenig Glück kenne im Leben
und anderen davon mitteile.

Thomas Morus

„Ich dachte mir: Auf, versuch es mit Freude,
genieß das Glück!
Das Ergebnis: Auch das ist Windhauch ...
Nicht im Menschen selbst gründet das Glück,
daß er essen und trinken
und durch seinen Besitz
das Glück selbst kennenlernen kann.
Ich habe vielmehr beobachtet,
daß dies von Gottes Verfügung abhängt."

Kohelet 2,1; 24

Ich will dich tragen und ertragen

Das ungebeugte Wort
ist vermutlich
Liebe
denn sie allein
hält den Kopf oben
wenn alles andere
sich beugt.

Jo Mitzkéwitz

Unser täglich Kreuz

Vereinsamung
Schweigen
Entfremdung
Krankheit
Leid
Not

Angst
Rechthaberei
Treulosigkeit
Beleidigung
Verleumdung
Unverständnis
Intoleranz
Jähzorn
Demütigung
Verletzung
Ungerechtigkeit
Scheidung

Unterstellung
Vereinnahmung
Enttäuschung
Streitsucht
Mißtrauen
Herrschsucht
Unglück
Langeweile
Eifersucht
Handgreiflichkeit
Karriere
Schuld
Ärger
Routine
Unstimmigkeit

Streß
Belastung
Krise

Ich mag dich leiden", sagen wir zu einem Menschen, den wir gern haben. Sagen wir es nur so dahin oder lassen wir uns auch von dieser Aussage beanspruchen? Was heißt „Ich mag dich leiden" anders als: „Ich liebe dich so sehr, daß ich auch an dir leiden kann."

Einen Menschen lieben bedeutet, ihn anzunehmen wie er ist. Mit seinen Stärken, Fähigkeiten und Talenten, aber auch mit seinen Schwächen, Unzulänglichkeiten und Behinderungen. Wenn ich einen Menschen liebe, so wie er ist, wie er war und wie er einmal sein wird, so nehme ich auch das Unfertige, das Unterentwikkelte, das Nichtgelingende oder gar das Versagen des anderen nicht nur hin, ich nehme es auch an. Einen Menschen wirklich lieben heißt dann: sich durch ihn belasten lassen, seine Lebenslast ihm tragen helfen, ihn in seiner Eigenart er-tragen. Liebende sind einander nicht nur bereicherndes Geschenk, sie können sich gegenseitig auch zur Last werden.

Unsere Vorstellungen von „glücklicher Ehe" stehen dieser Belastung entgegen. Wir sehen Glück vorwiegend verwirklicht, wenn alles harmonisch verläuft, keine Schwierigkeiten oder Meinungsverschiedenheiten auftreten, Mann und Frau sich in unermüdlicher Liebe zugetan sind und einander beglücken. Last und Leid werden da schnell zu „Störenfrieden" dieser oft oberflächlichen Glückserwartung. In einer Zeit abnehmender Leidensbereitschaft und Leidensfähigkeit verstärkt sich die Neigung, Leid aus dem Wege zu gehen, Leid zu meiden. Unsere Gesellschaft verheißt ein Lebensglück, das dem einzelnen das Mittragen von Lasten und das Mit-leiden am Leid des anderen ersparen will.

So bleibt vielen Eheleuten die Erfahrung vorenthalten,

daß es auch beglückend sein kann, sich vom anderen beanspruchen und belasten zu lassen und die eigene Lebenslast bei ihm gut aufgehoben zu wissen. „Das ist ja eben der höchste Segen der Ehe, daß sie die Bürde des Lebens erleichtert, weil sie die Tragkraft verdoppelt.“ (I. von François)

Woher aber bekommt solche Liebe ihre Tragfähigkeit und Beständigkeit, ihren langen Atem? Christen sind in der Gefahr, für alles, was im Leben schwierig wird, gleich das Bild vom Kreuz zu „strapazieren“. Es heißt dann: Jeder Mensch hat eben sein Kreuz zu tragen. Der Blick auf den Gekreuzigten soll dabei helfen, dieses Kreuz bereitwillig anzunehmen. Jesus selbst hat aber dort, wo er Problemen und Schwierigkeiten begegnet ist, nicht zuerst geduldiges Ertragen empfohlen. Er hat die Menschen nicht einfach vertröstet, sondern ihre Last erkannt und ihr Leid bekämpft. Auch hat er sich bis zuletzt gegen die Last des Kreuzestodes aufgebäumt.

Aber Jesus hat keine faulen Kompromisse gesucht, um sein Leben zu retten. Er, der die Menschen „leiden“ mag, läßt sich durch sie belasten bis zum unsäglichen Leiden am Kreuz. Er, der die Menschen liebt, läßt sich bis in letzter Konsequenz durch sie in Mit-leidenschaft ziehen.

Jesus darf nicht zur „billigen Vertröstung“ mißbraucht werden, mit der wir uns von der Notwendigkeit zum aufrichtigen Mit-leiden freikaufen wollen. Wer sich auf ihn beruft, muß sich an seine Forderung erinnern lassen: „Einer trage des anderen Last; so werdet ihr das Gesetz Christi erfüllen.“ (Gal 6,2) Wer sich auf ihn beruft, darf aber auch in ihm seine Hoffnung gründen, daß Gott ihn trägt mit seiner ganzen Lebenslast.

Ein Mensch trägt die Last,
der er gewachsen ist.

Aus Afrika

Herr, da ist der andere,
mit dem ich mich nicht verstehe.
Er gehört dir,
du hast ihn geschaffen,
du hast, wenn nicht so gewollt,
ihn so gelassen, wie er eben ist.
Wenn du ihn trägst, mein Gott,
will ich ihn auch tragen und ertragen,
wie du mich trägst und erträgst.

Karl Rahner

Eine Legende aus dem Mittelalter berichtet, wie Gott einmal Erbarmen hatte mit einem Menschen, der sich über sein zu schweres Kreuz beklagte. Er führte ihn in einen Raum, wo alle Kreuze der Menschen aufgestellt waren, und sagte ihm: „Wähle!" Der Mensch machte sich auf die Suche. Da sah er ein ganz dünnes, aber dafür war es länger und größer. Er sah ein ganz kleines, aber als er es aufheben wollte, war es schwer wie Blei. Dann sah er eins, das gefiel ihm, und er legte es auf seine Schultern. Doch da merkte er, wie das Kreuz gerade an der Stelle, wo es auf der Schulter auflag, eine scharfe Spitze hatte, die ihm wie ein Dorn ins Fleisch drang. So hatte jedes Kreuz etwas Unangenehmes. Und als er alle Kreuze durchgesehen hatte, hatte er immer noch nichts Passendes gefunden. Dann entdeckte er eins, das hatte er übersehen, so versteckt stand es. Das war nicht zu schwer, nicht zu leicht, so richtig handlich, wie geschaffen für ihn. Dieses Kreuz wollte er in Zukunft tragen. Aber als er näher hinschaute, da merkte er, daß es sein Kreuz war, das er bisher getragen hatte.

Nach einer alten Legende

Du weißt nicht, wie schwer die Last ist,
die du nicht trägst.

Aus Afrika

„Kommet alle zu mir,
die ihr euch plagt
und schwere Lasten zu tragen habt.
Nehmt mein Joch auf euch
und lernt von mir;
denn ich bin gütig
und von Herzen demütig;
so werdet ihr Ruhe finden
für eure Seele.

Matthäus 11,28–29

Seit du weg bist …

Nachruf

Seit du weg bist
weiß ich
wonach ich suchte
als du da warst

Frederike Frei

Trennung

auftrennen	ablassen	loslösen
abtrennen	loslassen	ablösen
durchtrennen	entlassen	auflösen

(E R-) L Ö S U N G ?

Ich will endlich auch für mich dasein, endlich **mein** Leben leben dürfen," sagte die Frau, als sie sich nach zwanzig Ehejahren von ihrem Mann scheiden ließ. Sie ist kein Einzelfall. Mehr Frauen als Männer reichen heute die Scheidung ein. Annähernd jede dritte Scheidung erfolgt nach achtzehn bis zwanzig Ehejahren. Die Kinder gehen aus dem Haus; ein neuer Lebensabschnitt beginnt. Anlaß genug, Rückschau zu halten. Was hat das Leben bisher gebracht? Wie steht es um die Hoffnungen, Erwartungen und Wün-

Nachträgliches Liebeslied

Ich beginne
zu enden
in deiner Umarmung.
Sei,
ich bitte dich, Liebe,
nicht voreilig,
singe,
um in der Haut
zu bleiben,
schreie, um mir
nah zu sein:
Dieses Feuer
haben wir nicht
zu denken gewagt
und diese Asche
wollten wir
nie sein.

Peter Härtling

sche, mit denen die Ehe einst begonnen wurde? Welche Perspektiven und Möglichkeiten eröffnen sich für die nächsten Jahre, für den „Rest des Lebens"? Die Bilanz fällt nicht für alle positiv aus.

Menschen beginnen ihre gemeinsame Lebensgeschichte wohl in der ernsthaften Absicht, ihr Leben miteinander zu teilen und sich zeitlebens treu zu bleiben. Diese Hoffnung wird bestätigt und bestärkt in vielfältigen Situationen ihrer Ehe, selbst in Krisenzeiten durch das gemeinsame Ausleiden der Krise. Aber es gibt auch andere Entwicklungen in der Ehe. Da verlieren Liebe und Bindung mehr und mehr ihre elementare Tragkraft. Da verkehren sich Wille und Wunsch, gemeinsam Begonnenes und gemeinsam Geschaffenes weiterzutragen, ins Gegenteil: zunächst still und dann immer lauter wird über Trennung nachgedacht. Da werden Ehepartner Fremde im eigenen Haus und fühlen sich in ihrer Lebenssituation unverstanden oder gar ungerecht behandelt. Mauern durchziehen die eigenen vier Wände – unüberwindbare Barrieren für eine Umkehr und eine erneute Hinwendung zum Partner.

Trennung ist gewissermaßen eine Vorausahnung des Todes. Wir spüren schon ein wenig davon, wenn wir die Schule oder den Arbeitsplatz wechseln, den Wohnort verlassen und umziehen, eine längere Reise antreten und Abschied nehmen müssen von einem geliebten Menschen. Wie sehr müssen dann Menschen darunter leiden, wenn ihre Ehe „stirbt“ und mit ihr all die in sie gesetzten Hoffnungen, Sehnsüchte, Träume und Wünsche sterben. Menschliches Leben bedeutet ja, in Beziehung zu anderen leben. Wenn eine Beziehung zerbricht, zerbricht auch etwas im Menschen selbst: seine Lebensfreude, sein Lebensmut und in extremen Situationen auch sein Lebenswille. Wo Menschen auf vorbehaltlose Liebe und verläßliche Treue gesetzt, wo sie sich in diesem Glauben aneinander festgemacht und sich zeitlebens einander versprochen haben, da bleiben zutiefst menschliche Enttäuschungen und Erschütterungen zurück, wenn der gemeinsame Lebensgrund aufgegeben wird. Das betrifft selbst den Partner, der diese Veränderung angestrebt hat. Zwei, fünf oder gar zwanzig Jahre gemeinsamer Lebensgeschichte sind tief eingeschrieben in die Biografie beider Menschen. Sie sind „gedruckte Seiten“ in ihrer jeweiligen Lebensbeschreibung, sie hinterlassen ein Leben lang unauslöschbare Spuren.

Trennung geht bis „ins Fleisch“, trifft die Menschen im „Kern“ ihres Menschseins. Vor allem der Partner, der unfreiwillig zurückbleibt, fühlt sich in seinem Selbstwertgefühl verletzt und gedemütigt und in seiner Liebe verraten. Ein anderer bedeutet dem geliebten Partner jetzt mehr als ich, er ist ihm liebens-werter; ich hingegen bin ihm weniger wert, minder-wertig. Nicht so sehr die Einsamkeit, vielmehr die Kränkung des Ichs wird zum Problem. Die voreilige Flucht in eine andere Beziehung hilft da nicht weiter. Die unaufgearbeiteten und verdrängten Probleme und Nöte müssen fast zwangsläufig zu weiteren Enttäuschungen führen. Aber auch für den Partner, der aus der Beziehung drängt, darf die Ehe nicht unbekümmert – ohne eigenen Kummer und ohne solidarische Anteilnahme am Leid des anderen – in Vergessenheit geraten. Es ist menschlich äußerst fragwürdig und zutiefst verletzend, mit der Einstellung „der andere ist für mich gestorben“ so zu tun, als sei nichts gewesen und sich auf und davon zu machen.

Trennung ist verwandt mit dem Tod. Traurigkeit, Lähmung, Verbitterung, Niedergeschlagenheit, Verzweiflung, Einsamkeit sind gemeinsame Wegbegleiter. Aber Trennung ist nicht Tod. Trennung kann neues Leben eröffnen. Wo Leben aus einer Beziehung ausgewandert, wo menschenwürdiges Leben in einer Ehe nicht

mehr gegeben, wo ein Mensch in seinem Selbstwertgefühl zutiefst gedemütigt und angeschlagen ist, da kann Trennung heil-sam sein und neue Hoffnung auf Leben keimen lassen.

Trennung verlangt allerdings „Trauerarbeit“. Es gilt, die ganze Geschichte dieser Beziehung aufzuarbeiten: sich des Guten zu erinnern, sich der Frage nach der vielfältig verflochtenen und nicht allein einseitigen (!) Schuld zu stellen, eigene Versäumnisse und Schwächen einzugestehen, den einst großen Hoffnungen und Erwartungen an die Gemeinsamkeit aufrichtig „nachzutrauern“. Wo diese Trauer zugelassen und verarbeitet, wo die (bisherige) Ehe als ein wichtiges Kapitel der eigenen Lebensgeschichte angenommen wird, da können mit der Zeit neue Kräfte wachsen, die eines Tages so tragfähig sind, das Leben wieder aufzugreifen, wo es einst durch den Verlust des Partners verloren schien.

Warum zwingst du mich,
Herr,
diese Wüste zu
durchqueren?
Ich quäle mich
inmitten der Dornen.
Nur eines Zeichens aber
bedarf es von dir,
daß die Wüste sich
wandelt,
daß der blonde Sand
und der Horizont
und der große stille
Wind
nichts Fremdes mehr
sind
und nichts Zufälliges,
sondern ein weites Reich
durch das hindurch
ich dich erkenne.

Antoine de Saint-Exupéry

*„Ich rufe zu Gott, ich schreie,
ich rufe zu Gott, bis er mich hört.
Am Tag meiner Not
suche ich den Herrn;
unablässig erhebe ich
nachts meine Hände,
meine Seele läßt sich
nicht trösten."*

Psalm 77, 2–3

Ich will mit Dir alt werden

Als er ein Alter erreichte
das auf einer Traueranzeige
niemand bestürzen würde

Verlaß mich nicht sprach sie
an seiner Brust die sich
gleichmäßig hob und senkte.

Rosemarie Bronikowski

Altersweisheiten

Benjamin Franklin:
Alle möchten lange leben, aber keiner möchte alt sein.

Aus Äthiopien:
Wenn der Löwe alt wird, verspotten ihn die Hunde.

Aus Nigeria:
Was ein Alter im Sitzen sieht, kann ein Junger nicht einmal im Stehen erblicken.

Antoine de Saint-Exupéry:
Man muß lange leben, um ein Mensch zu werden.

Martin Buber:
Altsein ist ein herrlich Ding, wenn man nicht verlernt hat, was Anfangen heißt.

George Bernard Shaw:
Und wenn ich achtzig Jahre zählen werde, so wird ein weißes Haar vom Haupte der geliebten Frau mich mehr erzittern machen als der dichteste blonde Zopf des allerschönsten jungen Hauptes.

Albert Camus:
Einen Menschen lieben, heißt einwilligen, mit ihm alt zu werden.

Marie Luise Kaschnitz:
Das Alter ist für mich kein Kerker, sondern ein Balkon, von dem man zugleich weiter und genauer sieht.

Ich kann Sie beide nicht jünger machen", meinte der behandelnde Arzt. „Wir wollen ja auch nur älter werden", entgegnete das Ehepaar.

Es gibt sie noch, diese Ehepaare. Sie werden miteinander alt: unverbittert und meist froh gestimmt, geistig wach und beweglich, neugierig dem Neuen gegenüber, gelassen im ursprünglichem Sinn des Wortes: die Welt loslassend und doch oder gerade deshalb dem Leben bis zuletzt zugetan. Keine Spur davon, die Zeit zurückdrehen zu wollen, auf törichte Weise jung zu bleiben, allein im Gestern zu leben. Miteinander alt werden bedeutet für sie: mit sich, dem Partner und der Welt „in Frieden" – befriedet und zufrieden – leben, das Leben „in Fülle" haben.

Die Lebenserwartung der Menschen ist deutlich gestiegen und damit auch die Dauer der Ehen. Die „Goldene Hochzeit" bleibt nicht wie früher die Ausnahme, sondern wird eher zur Regel. Wenn die Kinder heute das Elternhaus verlassen, leben die Eheleute – etwa 45–50 Jahre alt – meist noch 20 Jahre und länger ihre Ehe. Sie haben wieder mehr Zeit und Muße füreinander. Sie können nun endlich das tun, was früher der Kinder wegen oft nicht möglich war: mit „gutem Gewissen" eigenen Interessen, Bedürfnissen und Wünschen nachgehen und langaufgeschobene Ideen und Pläne verwirklichen.

Da gilt es – auch nach Jahren – noch Neues und Bewunderswertes aneinander zu entdecken, Anstöße zur Veränderung aufmerksam wahrzunehmen, mit viel Fantasie das weite und oft brachliegende Feld der Zärtlichkeit und Liebkosungen (wieder) zu bestellen, sich „von innen" – von gemeinsamen, bisher unerfüllten Träumen, Sehnsüchten, Hoffnungen – anregen und bewegen zu lassen. Das alles bedeutet nicht Flucht aus dieser Welt oder Abkehr von den alltäglichen Dingen. Wohl meint es eine Abwendung von der mehr eindimensionalen Welt des Erfolges, der Leistung, des Geldes, der Äußerlichkeiten und eine Hinwendung zu mehr Lebenssinn und „Lebensqualität", wie sie Reisen, Musik, Kunst, Spiel, Stille erschließen helfen.

Diese Wende braucht Kraft; Eheleute müssen damit anfangen, solange noch Kraft da ist: spätestens in der Zeit um die „Lebensmitte". Wer glaubt, sich damit Zeit lassen zu können, überschätzt die eigene Spannkraft und die des Partners. Es fehlt dann Schwung und Elan zur Neuorientierung. Langeweile breitet sich aus. Die Eheleute meinen sich zu kennen und erwarten nichts Neues, nichts Überraschendes mehr voneinander.

Die Lebensroutine hat manches zwischen ihnen verkümmern lassen. Aus dem Miteinander ist ein Nebeneinander oder gar ein Gegeneinander geworden. Aus einer solchen Ehe hat sich Leben ausgebürgert.

Ehe im Alter ist Chance und Gefährdung zugleich. Das „Altern der Ehe" beginnt spätestens um die Lebensmitte. Die meisten Menschen sind dann aber noch nicht bereit, sich schon als „älterwerdend" anzunehmen. Sie fühlen sich auf der Höhe des Lebens, „in der Blüte des Lebens", ohne zu bedenken, daß Höhe zugleich Beginn des Abstiegs bedeutet, daß der „Blütezeit" die Zeit des Welkens folgt.

In dieser Zeit müssen sich die Eheleute auf die nächste Wegstrecke ihres gemeinsamen Lebensweges vorbereiten. Die Kinder lösen sich nun allmählich vom Elternhaus und verbringen die meiste Zeit mit Freunden und Kollegen oder in ihrer Clique. Schon jetzt bleibt den Eltern wieder mehr Zeit und Muße füreinander. Viele müssen erst wieder den Umgang miteinander „einüben", da die Kinder bisher im Mittelpunkt der Familie standen, ihnen die besondere Aufmerksamkeit der Eltern galt und auch die Gespräche sich vorrangig um sie und ihr Wohlergehen drehten. So manches Ehepaar hat darüber vergessen, daß sie zwar Eltern geworden, aber auch Eheleute geblieben sind. Sie haben in dieser Zeit verlernt, Ehe zu leben und Ehe zu gestalten.

Ehe im Alter verlangt Veränderung, Neu- und Umorientierung. Jeder Wandel schließt Abschied von bisher Gewohntem, Vertrautem, Geliebtem ein; mit jedem Abschied stirbt auch etwas im Menschen. Aber Wandel fordert auch dazu heraus, das noch Ausstehende, noch Nicht-Erreichte mutig anzugehen und sich gemeinsam neue Lebensziele und Lebensmöglichkeiten zu erschließen. Dann bleiben Lebensfreude und Lebensmut bis ins hohe Alter. Von diesen Eheleuten kann dann mit Bertolt Brecht gesagt werden, daß sie „das Brot des Lebens aufgezehrt haben bis auf den letzten Brotsamen."

Tevje: Golde, hör zu, was ich dich frage:
Ist es Liebe?
Golde: Laß das sein!
Tevje: O nein!
Sag, ist es Liebe?
Golde: Ist es Liebe?
Tevje: Nun?
Golde: Seit fünfundzwanzig Jahrn, da wasche ich,
koche ich, putze ich,
gab dir fünf Töchter, melk die Kuh.
Nach fünfundzwanzig Jahrn laß mich damit in Ruh!
Tevje: Golde!
Wir sahn uns zur Hochzeit das allererste Mal.
Ich war scheu.
Golde: Und ich auch.
Tevje: Ich war ängstlich.
Golde: Und ich auch.
Tevje: Unsere Mütter, unsere Väter
sagten: „Liebe kommt erst später!"
Sag, liebst du mich denn, Golde?
Ist es Liebe?
Golde: Sei jetzt still!
Tevje: O nein!
Sag, ist es Liebe?
Golde: Ist es Liebe?
Tevje: Nun?
Golde: Seit fünfundzwanzig Jahrn leb ich mit ihm,
lach mit ihm, wein mit ihm,
seit fünfundzwanzig Jahrn ist sein Bett mein.
Das muß ja Liebe sein!
Tevje: Weib, du liebst mich?
Golde: Ich glaub, daß ich's tu.
Tevje: Ich lieb dich, Golde, immerzu.
Beide: Man wußte voneinander nicht Bescheid! Und nach fünfundzwanzig Jahren wird's endlich Zeit!

Aus: „Anatevka"

Seligpreisungen

Selig, die Verständnis zeigen
für unseren stolpernden Fuß
und unsere lahmende Hand.
Selig, die begreifen,
daß unser Ohr sich anstrengen muß,
um aufzunehmen,
was man zu uns spricht.
Selig, die mit freundlichem Lachen verweilen,
um ein wenig mit uns zu plaudern.
Selig, die niemals sagen:
„Das habt Ihr mir heute schon zweimal erzählt."
Selig, die verstehen,
Erinnerungen an frühere Zeiten in uns wachzurufen.
Selig, die uns erfahren lassen,
daß wir geliebt, geachtet
und nicht allein gelassen sind.
Selig, die uns in ihrer Güte die Tage,
die uns noch bleiben, erleichtern.

Aus Afrika

*„Von Jahr zu Jahr säst du die Menschen aus,
sie gleichen dem sprossenden Gras.
Am Morgen grünt es und blüht,
am Abend wird es geschnitten und welkt."*

Psalm 90, 5–6

Glaube ist ein Vogel,
welcher singt,
wenn die Nacht
noch dunkel ist.

(Rabindranath Tagore)

... wo ich Dich getragen habe

In einem Gesprächskreis sollen Eheleute ein Haus bauen, ihr **Ehe-Haus.** Die Bausteine liegen auf dem Tisch: quadratische Kartons. Beschriftet mit Aussagen zu Treue, Vergebung, Sexualität, Selbstverwirklichung, Glück, Kinder usw. Welche Bedeutung haben die einzelnen Aussagen für die Ehe? Was muß ins Fundament des Hauses, was gehört zu den tragenden Wänden, was bleibt zur Verschönerung des Hauses übrig oder was ist überflüssig und kann zum Bauschutt geworfen werden? Die Eheleute diskutieren heftig, schieben die Bausteine hin und her, einigen sich schließlich und sind stolz auf ihr Haus nach getaner Arbeit.

Halt, da liegen noch einige Bausteine zum Thema „Glauben“. Übersehen worden, beiseite geschoben, bewußt außer acht gelassen? Die Diskussion beginnt aufs neue. Ins Ehehaus damit? Gar ins Fundament oder doch nicht mehr als schmückendes Beiwerk? Einer schlägt vor: Bauen wir damit eine Kapelle im Garten. Eine gute Idee! Alle atmen erleichtert auf.

Kapelle im Garten – statt Bestandteil des Hauses: der Glaube bleibt „draußen“, außerhalb des Ehealltags. Es ist gut, ihn „irgendwo“ zu wissen: für Notfälle, Weihnachten, Festtage in der Familie. In der Kapelle wird gebetet, im Haus wird gelebt. Glaube und Leben klaffen auseinander, sind wie „zwei Paar Stiefel“. Mit dem „eigentlichen“ Leben aber hat der Glaube nichts zu tun. Eines Tages wird die Kapelle wegen Baufälligkeit geschlossen. Und das Haus? Bleibt es bestehen oder droht es auch einzustürzen?

Christlicher Glaube will Lebenshilfe sein. Leben will gedeutet sein, einen Sinn haben, sonst bleibt es inhaltsleer, bedeutungslos. In einer Zeit, wo der Glaube „außer Haus“ ist, verstärkt sich die Suche nach Lebenssinn und Lebenshoffnung. In einer Zeit, wo immer weniger Menschen Gott in ihrer Ehe entdecken, „vergöttern“ sich die Eheleute gegenseitig. Sie erwarten von ihrem Partner, daß er all ihre Hoffnungen auf gelingendes Leben erfüllt, und machen sich selbst zum Maß aller Dinge. Mit diesen überhöhten Ansprüchen aber überfordern sie sich und den anderen. Da muß mit der Zeit das Ehehaus baufällig werden.

Eheleute können in ihrer Ehe vielfältige und reichhaltige Erfahrungen miteinander machen: wenn sie sich miteinander freuen und glücklich sind, sich gegenseitig tragen und ertragen, immer wieder einander verzeihen, in Schwierigkeiten und Krisen beieinander bleiben, einander und anderen leben helfen, gemeinsam Enttäuschungen verkraften, sich von Kindern beanspruchen lassen. Viele, selbst christliche Eheleute verbinden diese Erfahrungen keineswegs mit dem Glauben. Aber sind das alles nicht **grund**legende Erlebnisse und Ereignisse in einer Ehe, die nicht so einfach stehen bleiben, sondern gedeutet und in einen Sinnzusammenhang gebracht werden wollen? Müssen Eheleute nicht eine gemeinsame „Quelle“ haben, aus der sie die Kraft für all die anfordernden und teilweise gar überfordernden Ansprüche und Konsequenzen des Ehealltags schöpfen können?

In einem Eheseminar werden christliche Eheleute ge-

Christliches Ehehaus

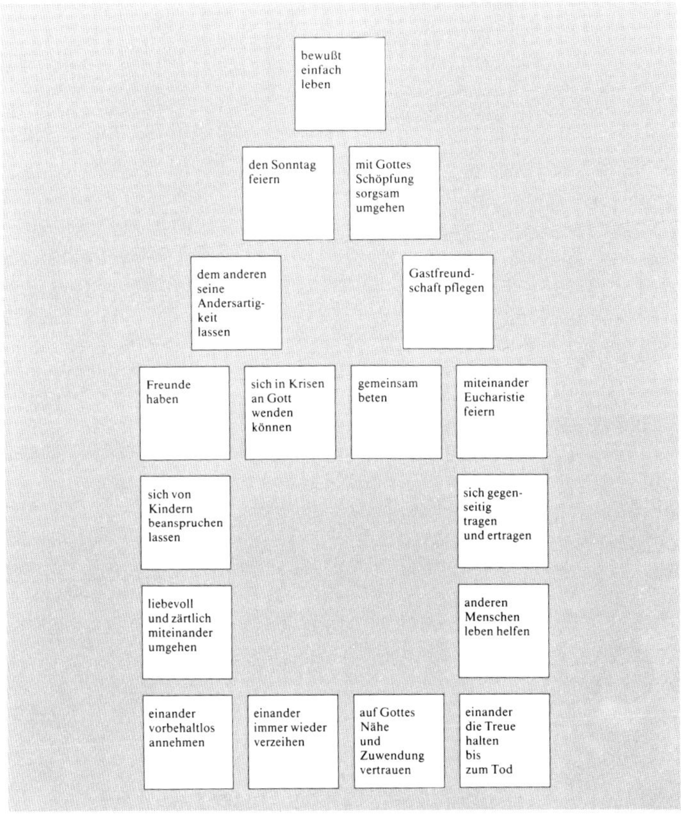

fragt, ob Christen es schwerer oder leichter hätten als andere, Ehe zu leben. Die Mehrheit meint, Christen hätten es schwerer. Viele erleben christlichen Glauben eher als Anspruch, denn als Zuspruch, eher als Belastung, denn als Entlastung, eher als Begrenzung, denn als Befreiung. Christlicher Glaube bleibt vielfach beschränkt auf Kirchgang und Gebet – auf die Kapelle im Garten –, ohne seinen „Sitz im Leben" – seinen Ort im Haus – gefunden zu haben. Er wird noch in bestimmten Riten nachvollzogen, aber mit dem Leben hat er nichts mehr zu tun.

Wacher und gelebter Glaube gehört ins Fundament des Ehehauses. Christen dürfen darauf vertrauen, daß ihr verbindliches und unwiderrufliches „Ja" zueinander auf einem größeren „Ja", auf der uneingeschränkten und fest zugesagten Liebe Gottes zum Menschen aufruht. In einem Bild gesprochen: Der Blankoscheck, den die Ehepartner mit ihrem „Ja" einander immer wieder ausstellen, ist durch die Liebe und Fürsorge Gottes immer schon gedeckt.

Ein Mann hatte eines Nachts einen Traum. Er träumte, daß er mit Gott am Strande entlang spazieren ging. Am Himmel zogen Szenen aus seinem Leben vorbei, und für jede Szene waren Spuren im Sand zu sehen. Als er auf die Spuren im Sand zurückblickte, sah er, daß manchmal nur eine da war. Er bemerkte weiter, daß dies zu Zeiten größter Not und Traurigkeit in seinem Leben so war. Deshalb fragte er den Herrn: „Herr, ich habe bemerkt, daß in den traurigsten Zeiten meines Lebens nur eine Fußspur zu sehen ist. Du hast aber versprochen, stets bei mir zu sein. Ich verstehe nicht, warum du mich da, wo ich dich am nötigsten brauchte, allein gelassen hast!"
Da antwortete ihm der Herr: „Mein lieber Sohn, ich liebe dich und würde dich niemals verlassen. In den Tagen, wo du am meisten gelitten hast und mich am nötigsten brauchtest, da, wo du nur eine Fußspur siehst, das war an den Tagen, wo ich dich getragen habe!"

Parabel aus Taizé

ürchte dich nicht

Herr,
gib acht auf uns,
denn das Meer
ist so groß
und unser Boot
ist so klein.

Bretonisches Fischergebet

„Ich bleibe derselbe,
so alt ihr auch werdet,
bis ihr grau werdet,
will ich euch tragen.
Ich habe es getan,
und ich werde euch weiterhin tragen,
ich werde euch schleppen und retten!" Jesaja 46,4

Quellenverzeichnis

1. Kapitel: Ich mag Dich

Gedicht, Jürgen Theobaldy: „Und ich bewege mich doch ...", C. H. Beck'sche Verlagsbuchhandlung, München 1977

abzählvers, Marion Miller: „Einen Augenblick Gegenwart", Literarischer Verlag Helmut Braun, Köln 1977

was zwischen mensch und mensch, Bruno Stephan Scherer: „Alle Schönheit der Erde", Hamburger Lyriktexte 10 Herbert Reich, Evangel. Verlag, Hamburg 1973

Paris, 1. Mai 1977, Alfred Andersch: „empört euch der himmel ist blau", © 1977 by Diogenes Verlag AG, Zürich

2. Kapitel: Komm in mein Leben

Das Wort ist verstehbar, Rudolf Otto Wiemer: Ernstfall, J. F. Steinkopf Verlag, Stuttgart 1973

Dû bist mîn, aus: Deutsche Liebeslyrik, Reclam Verlag jun., Stuttgart 1982

„Die schöne Hochzeit", Lothar Zenetti: „Die wunderbare Zeitvermehrung", Pfeiffer Verlag, München

3. Kapitel: In was schneide ich deinen Namen

Inschrift, Erich Fried: „Lebensschatten", Verlag Klaus Wagenbach, Berlin 1981, Quarthefte III

4. Kapitel: Sag ja zu Dir

Herr ZETT, Kurtmartin Magiera: Herr ZETT, Josef Knecht Verlag, Frankfurt 1972

Wort an Wort, Rose Ausländer: Abdruck mit Genehmigung der S. Fischer Verlag GmbH, Frankfurt a. Main

Rabbi Sussja, Martin Buber: nach einer Chassidischen Erzählung

Sag ja zu dir, Detlev Block: „In Deinen Schutz genommen", Geistliche Lieder, Verlag Vandenhoeck und Ruprecht, Göttingen 1980

5. Kapitel: ... in guten und in bösen Tagen

Unser Ja ist ein Ja, Josef Dirnbeck: „Unser Ja", Hochzeits- und Ehetexte, Verlag Styria, Graz 1975

Treue: aus ‚Leiterbrief' 182/4/1974. Mit Genehmigung des Jugendsekretariats der Chrischona-Gemeinden, Uster

6. Kapitel: Zuhause bin ich da, wo ich leben kann

Zusage, Ulla Hahn, Frankfurter Allgemeine Zeitung, 2. 12. 1982

Bitte, aus Wilhelm Willms, „aus der luft gegriffen", Verlag Butzon und Bercker, Kevelaer ³1981

7. Kapitel: Lieber sich gehörig streiten

Harmonische Ehe, Rupert Schützbach, „Nachschläge und andere Epigramme", Delp'sche Verlagsbuchhandlung, München 1978

Ich bin bei Euch, nach einer Anregung von Peter Friebe in: Die Mitarbeiterin, Heft 1/1983, Werkheft für Frauenbildung und Frauenseelsorge, Klens-Verlag, Düsseldorf

Ehegedicht, Günter Herburger, „Ziele" dnb 82 © 1977 by Rowohlt Taschenbuch Verlag GmbH, Reinbek bei Hamburg

8. Kapitel: Zwei Menschen, die sich wiedersuchen

Zwei Menschen, Regina Weitz, in: „Aber besoffen bin ich von dir" (hrg. von Jan Hans), Rowohlt Taschenbuch Verlag, Reinbek 1979, Reihe rororo Panther

Das weiße Band am Apfelbaum, nach John Kord Lagemann, in: „Exodus 4. Schuljahr Kösel-Verlag, München / Patmos Verlag, Düsseldorf

9. Kapitel: Die Zeit ist begrenzt

die zeit, Hans-Curt Flemming, in: „Wo liegt euer Lächeln begraben", Gedichte gegen den Frust, Fischer Taschenbuch Verlag, Frankfurt 1983

Erinnerung, Renate Fueß, Frankfurter Allgemeine Zeitung, 13. 5. 1981

Die Zeit ist begrenzt, Martin Gutl, „Loblied vor der Klagemauer", Verlag Styria, Graz 1978

10. Kapitel: Durch den Tag kommen

Während die Zeitbombe tickt, Frank Geerk, in: Moderne deutsche Liebeslyrik, Diogenes Verlag, Zürich 1980

Ich bitte dich, Herr, Ernst Ginsberg, „Abschied". Erinnerungen, Theateraufsätze, Gedichte © 1965 by Verlags AG Die Arche, Zürich

Durch die Nacht kommen, Dagmar Scherf, in: Seit du weg bist (hrg. von Jan Hans), Rowohlt Taschenbuch Verlag, Reinbek 1982, Reihe rororo Panther

11. Kapitel: Nur ein liebes Wort in aller Stille

Warum weinst du? Wolf Biermann, Frankfurter Allgemeine Zeitung, 20. 10. 1979

12. Kapitel: Kinder machen Menschen

die taube fliegt, Helmut Schmale, in: Rufe, Religiöse Lyrik der Gegenwart, Bd. II., Gütersloher Taschenbücher/Siebenstern 1037, Gütersloh 1981

„Guten Tag", Antoine de Saint-Exupéry, Der Kleine Prinz, Karl Rauch Verlag, Düsseldorf

13. Kapitel: Du bist nicht mehr der . . .

Ein Liebesgedicht, Astrid Tümpel, in: „Seit du weg bist“ (hrg. von Jan Hans), Rowohlt Taschenbuch Verlag, Reinbek 1982, Reihe rororo Panther

Herr, wir wollen dir heute ein Feuerchen machen, Hans Staiger, in: „Poeten beten“ (Hrsg. Wolfgang Fietkau), Jugenddienst-Verlag, Wuppertal 1969

14. Kapitel: Zärtlich sein – mit allen Sinnen lieben

Schuldschein, Frederike Frei, in: Wo liegt euer Lächeln begraben (hrg. von Hans Kruppa), Fischer Taschenbuch, Frankfurt a. M.

Für zwei Liebende, Rudolf Otto Wiemer, in: ferment 5/6-1980, Pallottiner Verlag, Gossau/Schweiz

Gedanken einer Vierzigjährigen, Dagmar Scherf-Deskau, in: „Aber besoffen bin ich von dir“ (hrg. von Jan Hans), Rowohlt Taschenbuch Verlag, Reinbek 1979, Reihe rororo Panther

15. Kapitel: Einander das Glück erschließen

Glück. Versöhnlichkeit. Behutsamkeit, Gabriele Wohmann, „Schönes Gehege“, © 1975 Hermann Luchterhand Verlag, Darmstadt und Neuwied

16. Kapitel: Ich will dich tragen und ertragen

Das ungebeugte Wort, Jo Mitzkéwitz, in: bundesdeutsch, lyrik zur sache der grammatik, Peter Hammer Verlag, Wuppertal 1974

Herr, da ist der andere, Karl Rahner, Biblische Predigten, Herder Verlag, Freiburg 1965

17. Kapitel: Seit du weg bist . . .

Nachruf, Frederike Frei, in: „Seit du weg bist“, Rowohlt Taschenbuch Verlag, Reinbek 1982, Reihe rororo Panther

Nachträgliches Liebeslied, Peter Härtling, Frankfurter Allgemeine Zeitung, 21. 9. 1982

Warum zwingst du mich, Herr, Antoine de Saint-Exupéry, „Gebete der Einsamkeit“ Karl Rauch Verlag, Düsseldorf

18. Kapitel: Ich will mit Dir alt werden

Als er ein Alter erreichte, Rosemarie Bronikowski, in: „Aber besoffen bin ich von dir“ (hrg. von Jan Hans), Rowohlt Taschenbuch Verlag, Reinbek 1979, Reihe rororo Panther

19. Kapitel: . . . wo ich Dich getragen habe

Glaube ist ein Vogel, Rabindranath Tagore, Zum anderen Ufer, Hyperion-Verlag, Freiburg